浙江省中等职业教育示范校建设课程改革创新教材

中职创新创业实战

周兴平　主　编

张朝晖　副主编

科学出版社

北　京

内 容 简 介

本书以中职创业教育的需求和特色为出发点，将创新和创业结合在一起，以案例分析为引导，穿插理论知识与课堂实践，既能提高学生的学习兴趣，又利于加强素质和能力的双向培养。

本书既可作为中职学校学生的创业课程教材，也可作为社会相关人员的培训教材，还可作为创业实践者的指导读本。

图书在版编目(CIP)数据

中职创新创业实战 / 周兴平主编. —北京：科学出版社，2017
（浙江省中等职业教育示范校建设课程改革创新教材）
ISBN 978-7-03-050178-3

Ⅰ. ①中… Ⅱ. ①周… Ⅲ. ①职业选择–中等专业学校–教材 Ⅳ. ①G717.38

中国版本图书馆 CIP 数据核字（2016）第 244000 号

责任编辑：韩 东 / 责任校对：刘玉靖
责任印制：吕春珉 / 封面设计：东方人华平面设计部

科 学 出 版 社 出版
北京东黄城根北街 16 号
邮政编码：100717
http://www.sciencep.com
三河市铭浩印刷厂印刷
科学出版社发行 各地新华书店经销
*

2017 年 5 月第 一 版 开本：787×1092 1/16
2017 年 5 月第一次印刷 印张：11 1/4
字数：238 000
定价：30.00 元
（如有印装质量问题，我社负责调换〈骏走〉）
销售部电话 010-62136230 编辑部电话 010-62135397-8013

前　　言

随着我国综合实力的提高和经济全球化生态链的需求，创新创业能力已经成为年轻人继驾照、护照之后的第三本"通行证"。"大众创业、万众创新"的大时代已经来临。

将创新创业课程引入课堂，各种创新创业活动得以广泛开展，如浙江省中职创新创业大赛、丽水市创业大赛、创业奖励基金等，激发了广大学生的创新创业激情。也有不少中职学生在毕业后成功创办了企业，将就业方向从"找饭碗"升级到了"造饭碗"。

本书包括上下两篇。上篇为创新篇，主要介绍创新创造的知识，从创造发明的过程、创新的思维与技法和发明专利申报等方面进行系统的探讨和实践，重点讲述逆向思维、组合创造法、缺点列举法和移植发明法等创造发明技法，从而培养中职学生的创新创造能力。下篇为创业篇，包括创业意识、创业准备、创业成长、融入社会四个方面内容。从创业梦想、创业品质、创业内涵、创业者具备的素质与能力、塑造优秀的创业团队、创业项目的选择与评估、创建新企业、市场营销策略、创业计划书、相关法律法规和互联网创业等方面来讲述创业过程，培养中职学生的创业意识从而提高其创业能力。每节包括故事启示、知识储备、实战训练和拓展阅读四个模块。

本书编者以中职学生创新创业实践中遇到的困难为出发点，组织具有多年创新创业教育和实践指导经验的教师编写本书。编者从创新创业者角度出发，按照创新创业的步骤编写内容，并精心设计了故事启示环节，寓教于乐，潜移默化地培养读者的创新创业意识。编者精心挑选了中职学生创新创业的案例，使学生在学习创新创业理论知识的同时切身体会到身边同龄人创新创业的历程。

本书第一、三、四章由张朝晖编写，第二章第一、二节由陈贵斌编写，第三、四节由江坚编写，第五章由吴芝华编写，第六章由姜云萍编写，第七章由叶军编写，第八章由周兴平编写，全书由周兴平统稿。

在本书编写过程中，编者引用了一些概念、创业故事、链接的资料等内容，参考了有关专著、报刊和网络资源，在此对这些资源的作者一并表示感谢。

由于编者水平有限，本书的编写缘由、体例安排及取材均针对中职学校的实际，故仅供参考，企盼同人提出建设性的意见，以便再版时进行修改、完善。

编　者

目　录

上篇　创　新

下篇　创　业

原上猿　　　　腊玛古猿　　南方古猿　　直立猿人　　尼安德特人　　克罗马农人

　　500 万年前，一只古猿为了适应新环境，学习在开阔的环境中生活，第一次站了起来。他的后裔进化成了南方古猿，人科动物的历史从此开始了。可见人类就是因为创新而生的，没有创新，世界就会成为一潭死水，没有进化也没有发展。

　　南方古猿虽然开始双足行走，但是并没有改变它们祖先的多数性状，比如个头较小，明显的性别二形性（雄性的体形平均比雌性大 50%），脑容量只有现代人的三分之一，长臂、短腿。200 万年前，进化的风暴再次刮起，非洲的气候越来越干旱，稀树大草原开始逐渐变为灌木大草原。在这种环境演变中大多数南方古猿消失了，只有少部分南方古猿群体利用自己的聪明才智创造了一些成功的防卫机制，得以生存下来。他们创造了原始的语言，学会了制作石器，学会了使用由木头等制成的原始武器，露宿野外篝火旁。他们进化成了具有创造力的直立猿人，最终进化成现代人类。

　　发明和制造工具，在从猿到人的进化过程中起了重要作用。创新创造是我们身体中最基本的基因，也是最优秀、最强大的基因。创新创造并不只是某些行业的专利，也不是超常智慧的人才具有创新的能力。你也可以创新，你也能够成功！

第一章

创造发明的过程

处处是创造之地，天天是创造之时，人人是创造之人。

——陶行知

⊙ 故事启示

交通工具的历史变迁

原始社会没有交通工具，人们出行只能依靠步行，而那时人的寿命本就短，并且外面的环境十分危险，所以一辈子也就不得不在自己的部落里生活，连出去看看的机会都没有。

许多年后，人类的智力水平有了显著的提高，开始学会驯化动物，骑上马就能跑得很快。但骑马需要有一定的驾驭技巧，并不是每一个人都能掌握，这样人们又发明了轮车，让马拉动轮车就轻松多了，人们坐在上面很舒坦，可是走的路程长了，马也会累的，也需要人的照顾。

后来人们又发明了自行车，以及彻底改变了人们出行方式的交通工具：汽车。随着时代的变迁和科学技术的进步，人们可利用的交通工具越来越多，给每一个人的生活都带来了极大的方便。陆地上的汽车，海洋里的轮船，天空中的飞机，大大缩短了人们交往的距离，为人们的生活提供便利；火箭和宇宙飞船的发明，使人类探索另一个星球的理想成为现实。也许在不远的将来，人类就可以到太空中去旅行观光，甚至到另一个星球去观察学习。

相一想：从小到大，你身边的交通工具发生了怎样的变化？

从人类交通工具的发展历史可以看出，在人类历史的发展长河中，发明者经过不懈的努力和奋斗，一次又一次的发明改良创造，不断地进步，创造了人们现在美好的生活。人类的文明史就是一部不断创造的历史，人类文明的源泉就是创造。

知识储备

一、什么是创造

《现代汉语词典》中，"创造"词条的解释为"想出新方法、建立新理论、做出新的成绩或东西"。通俗地说，创造就是指人们首创或改进了某样事物。

二、创造的类型

按照创新性的大小，可将创造分为首创类创造和改进类创造。

首创类创造是指在该事物出现之前，世界上是没有的，或者不为人所知的，比如中国的四大发明，又如牛顿发明的反射望远镜。这类创造通常难度很大。

改进类创造是指改变事物原有状况，使之得到提高。它是指在原有的理论及技术基础上，加以改变成利用，创造出具有社会价值的新事物。这类创造最多也最常见，中职学生创造发明主要的方向就是改进类的创造。

案例："38滴型"焊接机

有一位青年在美国某石油公司工作，他所做的工作连小孩都能胜任，就是巡视并确认石油罐盖有没有自动焊接好。石油罐在输送带上移动至旋转台上，焊接剂便自动滴下，沿着盖子回转一周，作业就算结束。他每天如此，反复好几百次地注视着这种作业，枯燥无味，厌烦极了。

他想创业，可又无其他本事。他发现罐子旋转一周，焊接剂滴落39滴，焊接工作便结束了。他想，在这一连串的工作中，有没有可以改善的地方呢？一天他突然想到：如果能将焊接剂减少一两滴，是不是能节约成本？于是，他经过一番研究终于研制出"37滴型"焊接机。但是，利用这种机器焊接出来的石油罐，偶尔会漏油，并不理想。但他不灰心，又研制出"38滴型"焊接机，这次的发明很完美，公司对他的评价很高。不久便生产出这种机器。虽然新的焊接方式只是节省一滴焊接剂，但这"一滴"每年给全公司带来了可观的利润。

这位青年就是后来掌握全美制油业95%实权的石油大王——约翰·洛克菲勒。

三、创造发明的过程

创造活动是人的一种社会化活动，有具体的思维过程和实践过程。创造发明就是要敢想前人所未想，敢做前人所未做。"要失败了多丢人啊""大家都会笑我的"，有这些想法的人是绝不可能有发明创造的。

那么中职学生如何进行小发明的创作活动呢？

任何一个发明创造都有一个循序渐进的过程，即：积累→观察→联想→设计→制作→实验。

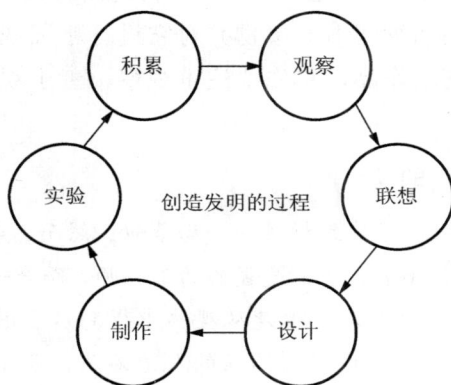

这个过程往返重复、逐步提高，就是获得小发明作品的全过程。

1. 积累

这里的积累指的是发明者自身知识和技能的积累。"创造学"教授庄寿强的研究提供了这样一个公式：

$$创造能力=K×创造性×知识量^2$$

式中，K 为一常量，可视为个体潜在的创造力。由此可以看出知识在人的创造能力中的重要性，知识和技能是创造发明的基础和支撑。

案例：艺术家的"10 年法则"

一位名为 Hayes 的学者研究了在音乐创作、绘画、诗歌创作等领域达到大师级水平所需要的时间。结果表明，在所有被调查的领域中，即使是"最具天赋"的人，在创作出成名作之前也需要多年的准备。例如，他考察了 76 位作曲家从入门到创作出第一首成名作所花费的时间，并分析了这些作曲家一生中创作的 500 多部作品。结果发现，这些作品中，只有 3 部是在作曲家创作生涯的第 10 年以前创作的，且这 3 部作品都是在创作生涯的第 8 年或第 9 年创作的。Hayes 描述作曲家创作生涯的一般发展模式是：始于他称之为"默默无闻的 10 年"，其后才出现第一部杰作，接着创作生涯的 10～25 年，杰作迅速增加，第 25～49 年是创作力稳定的时期，最后逐渐减弱。据此，Hayes 认为，准备期（从某种意义上说是专心致志于某一学科）对于创新性成果来说是必需的。作曲家、画家、诗人需要一定的时间在他们从事的领域中获得充分的知识和技能，才能在该领域里达到世界级水平，这就是所谓创新的"10 年法则"。

2. 观察

观察是发明创造入门的向导。达尔文说，"我既没有突出的理解力，也没有过人的机智，只是在觉察那些稍纵即逝的事物并对它进行精细观察的能力上，我可能在众人之上。"要想搞小发明作品，首先要注重观察，善于观察周围的事物，提高自己的观察能力。

案例："钢筋混凝土"的发明

钢筋混凝土的问世，引起了建筑材料的一场革命。然而，令人惊奇的是，发明钢筋混凝土的既不是建筑业的科学家，也不是著名的工程师，而是一个和建筑不搭界的园艺师。他就是法国的约瑟夫·莫尼埃，他是从观察中得到启示的。众所周知，水泥同砂子、石头混合，制作混凝土，就成了耐高压的人造石头，是很好的建筑材料，但是，这种混凝土的抗拉强度比较低，影响建筑工程上的使用。莫尼埃搞园艺，整天同花坛打交道，那些用水泥制作的花坛很不结实，常常会被碰坏。有一天，他在观察植物根系的发育情况时，看到植物根系在松软的土壤里，相互交叉成网状的结构。他发现，虽然土壤是松散的，但交叉成网状的植物根系把土壤抱成了一团。莫尼埃从这个现象中得到了启示，他想，如果在制作混凝土时先在里面加上一些网状结构的铁丝，就有可能使建筑的花坛变得结实。果然，这个方法有效。他先后用这种方法建成了花坛、蓄水池和第一座钢筋混凝土大桥。

约瑟夫·莫尼埃主持建造的首座钢筋混凝土大桥

事实上，每一个人每一天都在观察，但是有些人能从观察中发现发明课题，而有些人却不会。为什么呢？法国细菌学家巴斯德说得好："在观察的领域中，机遇只偏爱那种有准备的头脑。"

要想步入创造发明的大门，首先要经过有目的的、仔细的、深入的观察，经过思考，广泛地观察比较，提出行得通、办得到的发明课题。

3. 联想

什么叫联想？联想是从一事物想到另一事物的心理过程。从当前的事物回忆起有关的另一事物，或从想起的一件事物又想到另一事物，这都是联想。联想能力就是旧观念同现实结合，进而产生新观念的能力。联想能力强的人容易捕捉发明课题，容易形成新的构思。

联想可以使大家接收到更多信息的启示，激发灵感，加速发明的进程。要想做到善于联想，就要有广博的知识，丰富的阅历，并勇于突破传统思想和思维定式的束缚。

4. 设计

同学们针对某一事物的优缺点，提出了大量的问题并产生了众多的联想，由于受知识的限制，其中有的是可能达到的想象，有的是创造性的积极幻想，但也有的是毫无把握的空想。要获得"发明"的课题，还必须从联想中进行筛选，淘汰那些不切合实际或暂时达不到的想法。

通过筛选，有了基本上可行的课题，就可以进行初步的设计。在对某一课题的各种设计中，又会出现简单问题复杂化和复杂问题简单化的情况，既有创造性、先进性的，也有不具创造性、过时的；既有有使用价值的，也有没有使用价值的。这时就需要在辅导老师的帮助下再次进行筛选，寻找可行的设计方案。

5. 制作

准备好加工图纸、原材料和各种制作工具，然后按图纸进行制作。当然，在制作中还可能会遇到各种意想不到的困难，这需要请辅导老师和家长协助排除。

6. 实验

发明作品制作完成后，要进行实验调试。在实验中证实或修订自己设计的方案。小发明作品是要不断改进的，需要多次的观察、联想、反复的设计，进行再制作，再实验。

发明虽小，创作艰难。哪怕是一件极其简单的小发明作品，它的创作都不是一想而就，一作而成的。没有细心观察，善于联想，绝不会有闪光的发现；没有绘图制作，反复实验改进，绝不会有成功的作品。"积累→观察→联想→设计→制作→实验"，整个创作过程的各个环节，都不可忽视。只有把握住交叉反复的各个环节，才能制作出高水平的发明创造。

7. 说明

发明作品完成后，公开时要写出说明书，以便推广使用。说明书的内容，一般包含功能、结构、器材、制作、操作、原理等几个方面。

实战训练

小游戏 1：Alternative Uses 创新能力测试

这一测试是 J.P. Guilford 在 1967 年发明的，方法很简单，选择一件日常生活中随处可见的常用物品，如椅子、咖啡杯、砖头等，在两分钟时间内，尽可能多地说出这一物件的用途，越多越好。

举个例子，"回形针"有哪些用途？你可以说出几种？

固定纸张、袖扣、耳环、可以 DIY 一个微型的长号、紧急情况下可以帮你重启路由器、绕线器、书签……

替代性用途可以用来测试你的思维发散能力：

流利性——想到的用途越多越好；

原创性——能想到多少罕见的一般人想不到的奇妙用途；

灵活性——你想到的答案能跨越多少不同的领域（例如，袖口和耳环都属于配件，它们属于同一领域）；

精细性——你的答案是否足够富有细节性，例如，用来做"绕线器"这一答案的精细性就比"书签"这一答案来得高。

下面，自己来试一试吧。"筷子"可以有哪些用途？

小游戏 2：观察力测试

科学验证观察力，把以下各题的分数加起来就是你的观察力。

1. 进入某单位时，你（   ）。
   A．注意桌椅的摆放（3 分）
   B．注意用具的准确位置（10 分）
   C．观察墙上挂的是什么（5 分）

2. 与人相遇时，你（   ）。
   A．只看他的脸（5 分）
   B．悄悄地从头到脚打量他一番（10 分）
   C．只注意他脸上的个别部位（3 分）

3. 你从自己看过的风景中记住了（   ）。
   A．色调（10 分）
   B．天空（5 分）
   C．当时浮现在你心里的感受（3 分）

4. 早晨醒来后，你（　　）。

    A．马上想起应该做什么（10 分）

    B．想起梦见了什么（3 分）

    C．思考昨天发生了什么事（5 分）

5. 当你坐上公共汽车时，你（　　）。

    A．谁也不看（3 分）

    B．看看谁站在你的旁边（5 分）

    C．与离你最近的人说话（10 分）

6. 在大街上，你（　　）。

    A．观察来往的车辆（5 分）

    B．观察你的正对面（3 分）

    C．观察行人（10 分）

7. 当你看到橱窗时，你（　　）。

    A．只关心可能对自己有用的东西（3 分）

    B．也要看看此时不需要的东西（5 分）

    C．注意观察每一件东西（10 分）

8. 如果你在家需要找什么东西，你（　　）。

    A．把注意力放在这个东西可能放的地方（10 分）

    B．到处寻找（5 分）

    C．请别人帮忙找（3 分）

9. 看到你的亲戚朋友过去的照片，你（　　）。

    A．觉得可笑（3 分）

    B．尽量了解照片上的是谁（10 分）

    C．激动（5 分）

10. 假如有人建议你参加你不会的游戏，你（　　）。

    A．试图学会玩并想赢一盘（10 分）

    B．借口过一段时间再玩，然后予以拒绝（5 分）

    C．直言你不玩（3 分）

11. 你在公园等一个人，于是你（　　）。

    A．仔细观察旁边的人（10 分）

    B．看报纸（5 分）

    C．想某事（3 分）

12. 在满天繁星的夜晚，你（　　　）。

  A. 努力观察星座（10分）

  B. 只是一味地看天空（5分）

  C. 什么也不看（3分）

13. 你放下正在读的书时，总是（　　　）。

  A. 用铅笔标上你读到什么地方（10分）

  B. 放个书签（5分）

  C. 相信你自己的记忆力（3分）

14. 你记住领导的（　　　）。

  A. 姓名（5分）

  B. 外貌（10分）

  C. 什么你也没记住（3分）

15. 你在摆好的餐桌前（　　　）。

  A. 赞扬它的精美之处（3分）

  B. 看看人们是否到齐了（10分）

  C. 看看所有椅子是否都放在合适位置（5分）

分数大于 100 分　你是一个很有观察力的人。对于身边的事物，你会非常细心地留意。同时，你也能分析自己和自己的行为。如此知人入微，对于别人你可以逐步做出极其准确的评价

分数大于 75 分　你有相当敏锐的观察能力，很多时候你会准确地发现某些细节背后的联系，这一点，对于你培养自己对事物的判断力非常有好处，同时也让你自信心大增。

分数大于 45 分　你能够观察到很多表象，但对别人隐藏在外表和行为方式背后的东西通常采取不关心的态度。从某种角度而言，你应适当的"难得糊涂"，这样才是充满大智慧的体现。

拓展阅读

输液自动保温报警器研究报告

遂昌职业中专　王　刚　王凯迪

1. 项目摘要

输液自动保温报警器，能将输液的液体加温到合适的温度（不会破坏药性），并且在输液完毕时会自动报警提示。

2．项目选题是怎样确定的

冬天天冷，输液时，病人的手本来就冷，而输入的液体更冷，这样就使病人的身体变得僵硬、虚弱。当病人疲倦时，还要看看输液是否输完，需不需要叫护士过来更换输液袋，使病人的身体更加疲倦、无力。没办法，冬天输液就是这么麻烦。

3．设计项目的基本目的和基本思路

该项目的目的是使输液的液体接近常温，以适合人体的温度，这样在输液时病人就不会有不适的感觉。基本思路是运用低温加热元件发热使液体加温，运用温控元件将温度控制在合适的温度范围内（25～30℃），并且不会使药物失去药性。自动报警的原理是运用拉力传感器检测输液袋的重量，当输液袋的重量接近或等于空袋的重量时，便触发报警装置。

4．研究过程

先采购低温度的发热元件，我们选用了最高温度60℃的石墨电阻发热带来对液体进行加温，其优点是发热温度低、安全防水。并且购买了温度控制开关——气罐式温控器，用温控器的通断来控制发热元件的温度，其优点是温度可调、安全可靠。

输液自动报警的原理是：用一个压力传感器将输液瓶的重量转化为电压，再将电压传输到电平指示电路中，通过电平指示电路将输液瓶的重量显示出来，并通过报警控制电路进行报警提示。

当输液开始时，输液瓶中的液体是满的，电平指示电路中的5盏发光二极管都发光。随着输液的进行，重量会越来越轻，发光二极管也随之逐个熄灭。当5盏发光二极管都灭时，触动报警装置，发出声音报警，提示病人及护士输液完成。

根据输液袋的大小购买适合任何输液袋的方盒子，在盒子底部铺上发热元件，顶上放一个温度传感器，在输液袋的入口处放上一个压电传感器，用来检测输液袋的重量，然后在盒子的背部放上控制报警电路，将它们连接起来，使输液自动保温报警器能正常工作。

5．运用了哪些科学原理和科学方法

电能转换成热能，直流电平检测控制技术，压电效应原理。

6．主要贡献

在输液时，利用这个保温报警器，不仅不用担心冬天输液病人的手会变得冰凉，而且还不用时不时仰头看看输液袋是否输完需更换输液袋。

7．他人同类研究情况

通过网上搜索，发现很多只有报警功能的产品，而且电路原理花样很多，各有所长，但是同时具有保温和报警功能的只有我们这一款产品。

8．进一步完善设想

假如可以发明出一套完善的设备，运用无线技术将病人在输液室的情况传输到护士的专属电脑上，这样护士对病人的输液情况就可一目了然；或者将输液袋也一体化，护士只要在控制室中监视病人的输液情况，以防突发状况的发生！

第二章

创新的思维与技法

第一节　逆向思维法

故事启示

孙膑智胜魏惠王

孙膑是战国时著名的兵法家，至魏国求职。魏惠王心胸狭窄，妒其才华，故意习难他。魏惠王对孙膑说："听说你挺有才能，如果你能使我从座位上走下来，就任用你为将军。"魏惠王心想：我就是不起来，你又奈我何？孙膑想："魏惠王赖在座位上，我不能强行把他拉下来，把国君拉下来是死罪。怎么办呢？只有用逆向思维法，让他自动走下来。"于是，孙膑对魏惠王说："我确实没有办法使大王从宝座上走下来，但是我却有办法使您坐到宝座上。"魏惠王心想：这还不是一回事，我就是不坐下，你又奈我何？他便乐呵呵地从座位上站起来。孙膑马上说："我现在虽然没有办法使您坐回去，但我已经使您从座位上站起来了。"魏惠王方知上当，只好任用他为将军。

想一想：你还有其他办法吗？

知识储备

一、什么是逆向思维

逆向思维也称反向思维或求异思维，它是对司空见惯的似乎已成定论的事物或观点反过来思考的一种思维方式。敢于"反其道而思之"，让思维向对立面的方向发展，从问题的相反面深入地进行探索，树立新思想，创立新形象。人们习惯于沿着事物发展的正方向去思考问题并寻求解决办法。其实，对于某些问题，尤其是一些特殊问题，从结论往回推，倒过来思考，从求解回到已知条件，反过去想或许会使问题简单化。

案例：巧买西红柿

大爷买西红柿，挑了 3 个放到秤盘上，摊主称了下说："一斤半，3 块 7。"大爷说："做汤不用那么多。"去掉了最大的西红柿。摊主说："一斤二两，3 块。"正当我想提醒大爷注意秤时，大爷从容地掏出了七毛钱，拿起刚刚去掉的那个大的西红柿，扭头就走。摊主当场无风凌乱。

任何事物总是可以从正反两个方面进行思考与分析。我们长期养成的思维习惯往往只会让我们看到事物的一面，而忽略相反的另一面，从而导致思维的过程和结构越来越雷同，缺乏新意。逆向思维的另一个特点是"反常识"思考或"反常规"思考。如果能充分利用逆向思维"反其道而思之"，常常可以获得意想不到的效果。

案例：打破传统的破冰船

传统的破冰船，都是依靠自身的重量来压碎冰块的，因此它的头部都采用高硬度材料制成，而且设计得十分笨重，转向非常不便，所以这种破冰船非常害怕侧向漂来的流冰。苏联科学家运用逆向思维，变向下压冰为向上推冰，即让破冰船潜入水下，依靠浮力从冰下向上破冰。新的破冰船设计得非常灵巧，不仅节约了许多原材料，而且不需要很大的动力，自身的安全性也大大提高。遇到较坚厚的冰层，破冰船就像海豚那样上下起伏前进，破冰效果非常好。这种破冰船被誉为"20 世纪最有前途的破冰船"。

二、逆向思维的类型及应用

1. 反转型逆向思维法

这种方法是指从已知事物的相反方向进行思考，产生发明构思的途径。"事物的相反方向"常常从事物的功能、结构、因果关系等三个方面作反向思维。例如，市场上出售的无烟煎鱼锅就是把原有煎鱼锅的热源由锅的下面安装到锅的上面。这是利用逆向思维，对结构进行反转型思考的产物。

2. 转换型逆向思维法

这是指在研究一问题时，由于解决这一问题的手段受阻，而转换成另一种手段，或转换思考角度思考，以使问题顺利解决的一种思维方法。历史上被传为佳话的司马光砸缸救落水儿童的故事，实质上就是一个用转换型逆向思维法的例子。由于司马光不能通过爬进缸中救人的手段解决问题，因而他就转换为另一手段，破缸救人，从而顺利地解决了问题。

创意杯架

创意灯罩

3. 缺点逆用思维法

这是一种利用事物的缺点，将缺点变为可利用的东西，化被动为主动，化不利为有利的思维方法。

这种方法并不以克服事物的缺点为目的，相反，它是将缺点化弊为利，找到解决方法。例如，金属腐蚀是一件坏事，但人们利用金属腐蚀原理进行金属粉末的生产，或进行电镀等其他用途，这无疑是缺点逆用思维法的一种应用。

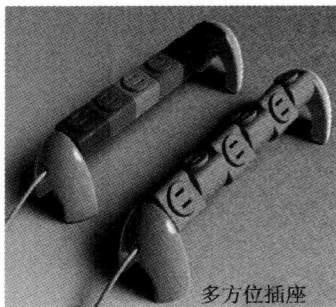

多方位插座

废旧灯泡的利用

三、逆向思维趣味应用

有一道趣味题是这样的：有四个相同的瓶子，怎样摆放才能使其中任意两个瓶口的距离都相等呢？可能我们琢磨了很久还找不到答案。那么，办法是什么呢？原来，把三个瓶子放在正三角形的顶点，将第四个瓶子倒过来放在三角形的中心位置，答案就出来了。把第四个瓶子"倒过来"，多么形象的逆向思维啊！

在日常生活中，有许多通过逆向思维取得成功的例子。

案例：凤尾裙

某时装店的经理不小心将一条高档呢料裙烧了一个洞，其身价一落千丈。如果用织补法补救，也只是蒙混过关，欺骗顾客。这位经理突发奇想，干脆在小洞的周围又挖了许多小洞，并精于修饰，将其命名为"凤尾裙"。一时间，"凤尾裙"销路顿开，该时装商店也出了名。逆向思维带来了可观的经济效益。无跟袜的诞生与"凤尾裙"异曲同工。因为袜跟容易破，一破就毁了一双袜子，商家运用逆向思维，试制成功无跟袜，创造了非常良好的商机。

有洞的裤子和衣服

据说，逆向思维可以使人年轻。每个人都要走向明年，明年会比今年大一岁，所以今年比明年年轻一岁。对于老年人，这样的逆向思维，可以让人越活越年轻；对于年轻人，则可以珍惜时间，更加努力。

我国古代有这样一个故事，一位母亲有两个儿子，大儿子开染布作坊，小儿子做雨伞生意。每天，这位老母亲都愁眉苦脸，天下雨了怕大儿子染的布没法晒干；天晴了又怕小儿子做的伞没人买。一位邻居开导她，叫她反过来想：雨天，小儿子的伞生意做得红火；晴天，大儿子染的布很快就能晒干。逆向思维使这位老母亲眉开眼笑，活力再现。

启示：在创造发明的路上，更需要逆向思维，逆向思维可以创造出许多意想不到的人间奇迹。

案例：发明四则

洗衣机脱水缸的转轴是软的，用手轻轻一推，脱水缸就东倒西歪。可是脱水缸在高速旋转时，却非常平稳，脱水效果很好。当初设计时，为了解决脱水缸的颤抖和由此产生的噪声问题，工程技术人员想了许多办法，先加粗转轴，无效，后加硬转轴，仍然无效。最后，他们来了个逆向思维，弃硬就软，用软轴代替了硬轴，成功地解决了颤抖和噪声两大问题。这是一个由逆向思维而诞生的创造发明的典型例子。

由我国发明家苏卫星发明的"两向旋转发电机"诞生于 1994 年，同年 8 月获中国"高新科技杯"金奖，并受到联合国 TIPS 组织的关注。1996 年，丹麦某大公司曾想以300 万元人民币买断其专利，可见其发明价值之巨大。说到"两向旋转发电机"的发明，也应归功于逆向思维。翻阅国内外科技文献，发电机共同的构造是各有一个定子和一个转子，定子不动，转子转动。而苏卫星发明的"两向旋转发电机"定子也转动，发电效率比普通发电机提高了四倍。苏卫星说，我来个逆向思维，让定子也"旋转起来"。这是他得以发明的思维基础，也是他对创造发明思想的一大贡献。

日本是一个经济强国，却又是一个资源贫乏国，因此他们十分崇尚节俭。当复印机大量消耗纸张的时候，他们将一张白纸正反两面都利用起来，一张顶两张，节约了一半。日本理光公司的科学家不以此为满足，他们通过逆向思维，发明了一种"反复印机"，已经复印过的纸张通过它以后，上面的图文消失了，重新还原成一张白纸。这样一来，一张白纸可以重复使用许多次，不仅创造了财富，节约了资源，而且使人们树立起新的价值观：节俭固然重要，创新更为可贵。

20 世纪 60 年代中期，当时在福特某分公司任副总经理的艾科卡正在寻求方法，改善公司业绩。他认定，达到该目的的灵丹妙药在于推出一款设计大胆、能引起大众广泛兴趣的新型小汽车。在确定了最终决定成败的人就是顾客之后，他便开始绘制战略蓝图。以下是艾科卡如何从顾客着手，反向推回到设计一种新车的步骤：顾客买车的唯一途径是试车。要让潜在顾客试车，就必须把车放进汽车交易商的展室中。吸引交易商的办法是对新车进行大规模、富有吸引力的商业推广，使交易商本人对新车型热情高涨。说得实际点，他必须在营销活动开始前做好小汽车，送进交易商的展车室。为达到这一目的，他需要得到公司市场营销和生产部门百分之百的支持。同时，他也意识到生产汽车模型所需的厂商、人力、设备及原材料都得由公司的高级行政人员来决定。艾科卡一个不漏地确定了为达到目标必须征求同意的人员名单后，就将整个过程倒过来，从头向前推进。几个月后，艾科卡的新型车——野马，从流水线上生产出来了，并在 60 年代风行一时。

它的成功也使艾科卡一跃成为整个福特公司小汽车和卡车集团的副总裁。

是老妇人还是少女？

逆向思维不但在现代生活中起到了意想不到的作用，在战争时期更能化险为夷。有一个小八路，运用逆向思维成功地闯过了敌人的种种关卡，把重要情报送到了目的地。事情是这样的：

在抗日战争时期，有一次，敌人把一个村庄包围了，不让村里的任何人出去，派了一个伪军在村子通向外界的唯一通道——一座小桥上把守，正巧村里有一个重要的情报要报告给在村外的八路军领导人。在敌人看守如此严密的情况下，怎样才能把情报顺利又安全地送出去呢？村里的一个小八路，勇敢地担当起这个任务。这个小八路在黄昏时趁着夜色的掩护，悄悄地来到了小桥旁边的芦苇地，躲藏了起来。他认真地观察小桥上发生的一切，他注意到守关卡的伪军打起瞌睡的时候，凡是村外来人，伪军总是头也不抬就说，回去，回去，村里不让进。如此几次，小八路心里有了主意。他钻出了芦苇地，悄悄接近并上了小桥，就在敌人抬头发话之前他突然转身向村里的方向走来，并且故意把脚步声弄得挺大，敌人听到后，还是头也不抬地说，回去，回去，村里不让进。结果小八路顺利过关把情报安全地送了出去，为部队打胜仗立下了汗马功劳。

这难道不也是成功运用逆向思维的结果吗？由此可见，学会并灵活运用逆向思维是多么重要！

案例：变轻的火箭

1964 年 6 月，王永志第一次走进戈壁滩，执行发射中国自行设计的第一种中近程火箭的任务。当时计算火箭的推力时是七八月，天气很炎热。火箭发射时推进剂温度高，密度就要变小，发动机的节流特性也要随之变化。

正当大家绞尽脑汁想办法时，一个高个子年轻中尉站起来说："经过计算，要是从火箭体内卸出 600 公斤燃料，这枚导弹就会命中目标。"大家的目光一下子聚集到年轻的新面孔上。在场的专家们几乎不敢相信自己的耳朵。有人不客气地说："本来火箭能量就不够，你还要往外卸？"于是再也没有人理睬他的建议。这个年轻人就是王永志，他并不就此甘心，他想起了坐镇酒泉发射场的技术总指挥、大科学家钱学森，于是在临射前，他鼓起勇气走进了钱学森的住房。当时，钱学森还不太熟悉这个"小字辈"，可听完了王永志的意见，钱学森眼睛一亮，高兴地喊道："马上把火箭的总设计师请来。"钱学森指着王永志对总设计师说："这个年轻人的意见对，就按他说的办！"果然，火箭卸出一些推进剂后射程变远了，连打 3 发导弹，发发命中目标。从此，钱学森记住了王永志。中国开始研制第二代导弹的时候，钱学森建议：第二代战略导弹让第二代人挂帅，让王永志担任总设计师。几十年后，总装备部领导看望钱学森，钱学森还提起这件事说："我推荐王永志担任载人航天工程总设计师没错，此人年轻时就露出头角，他大胆逆向思维，和别人不一样。"

四、逆向思维的优势

通过以上实例，我们可以总结出逆向思维的几大优势。

逆向思维优势一：在日常生活中，常规思维难以解决的问题，通过逆向思维却可能轻松破解。

逆向思维优势二：逆向思维会使你独辟蹊径，在别人没有注意到的地方有所发现，有所建树，从而制胜于出人意料。

逆向思维优势三：逆向思维会使你在多种解决问题的方法中获得最佳方法和途径。

逆向思维优势四：生活中自觉运用逆向思维，会将复杂问题简单化，从而使办事效率成倍提高。

逆向思维最宝贵的价值是，它是对人们认识的挑战，是对事物认识的不断深化，并由此而产生"全链式反应"般的威力。我们应当自觉地运用逆向思维方法，创造更多的奇迹。

实战训练

小游戏 1：初级题

1．根据 $65×39=2535$，在下面的括号里填上合适的数，你能想出几种填法？

$25.35=$（　　　）×（　　　）　　　$2.535=$（　　　）×（　　　）

$25.35=$（　　　）×（　　　）　　　$2.535=$（　　　）×（　　　）

2．在 1～500 的自然数中有多少个数不是 7 的倍数？

3．一群羊的只数乘 0.2 后除以 3，再乘 0.2 后除以 3，正好是 2。这群羊有多少只？

4．在括号中补充问题使之成为一道一步解答的应用题。

一辆汽车 5 小时行驶 250 千米。（　　　　）

$250÷5=50$（　　　）答：1 小时行驶 50 千米。

一辆汽车 5 小时行驶 250 千米。（　　　　）

$5÷250=0.02$（　　　）答：行 1 千米需要 0.02 小时

5．小张骑自行车以每小时行 10 千米的速度从甲地到乙地，返回时他换成骑摩托车，每行 1 千米比骑自行车少用 5 分钟，这样他在返回的路上用了 40 分钟。甲、乙两地之间的路程是多少千米？

游戏2：拓展题

有一只猴子，采回来一堆桃子。第一天吃了一半多一个；第二天吃了剩下的一半多一个；第三天又吃了剩下的一半多一个；接下来的每一天都吃了剩下的一半多一个，到第十天的时候剩下一个桃子（第十天没有吃桃子）。问这只猴子采回来多少个桃子？

采用逆向思维来解答这道题。从第十天着手考虑，依次往前推到第九天、第八天……第一天，此题将会很容易地得到解答。

拓展阅读

新一代高空摘果器

作品创作时间：2015 年 12 月
作品创作者：陶灵芝　巫周武　吴惠敏
指导教师：陈贵斌
获奖等级：丽水市创业创新一等奖获奖作品

第一部分　设计理念

现在市场上虽然已经有高空摘果器，但是它有一个很大的缺点，就是每摘一次要收回来，把所摘的水果拿出来，然后再次采摘，本产品的创新之处是将放置水果的部分设计成一个很长的网兜，这样当采摘之后，水果会顺着长网兜滚落下来。这样在采摘的时候就不用来回收了。

未改造的摘果器

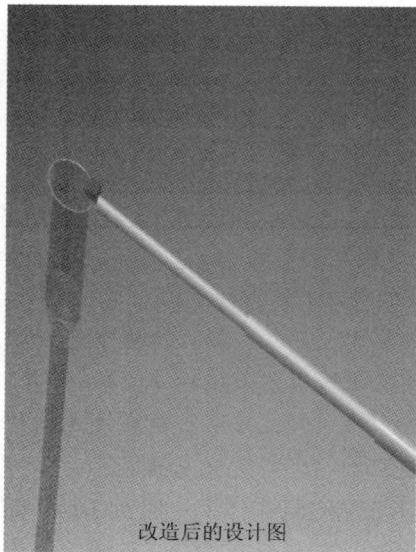

改造后的设计图

第二部分　产品实体图

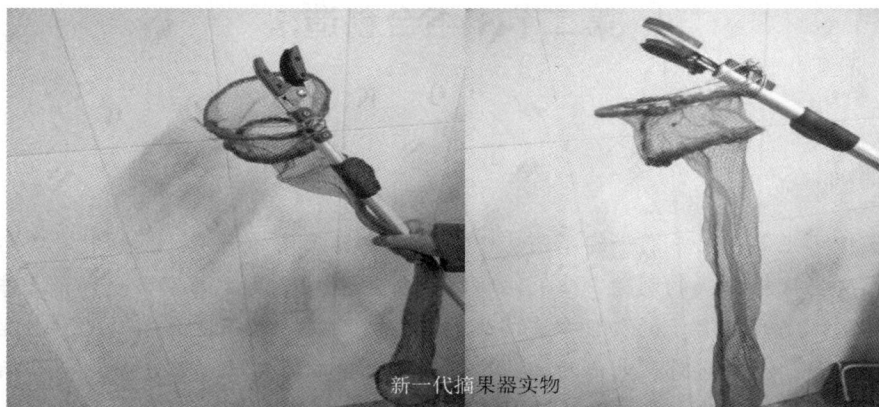

新一代摘果器实物

第三部分　产品原理

　　该产品主要由伸缩杆、采摘剪、网兜三个部分组成。伸缩杆的主要作用是控制高度；采摘剪的作用是分离水果和树枝；网兜的作用是使水果可以顺利下滑。此网兜还有一个很大的优点，就是可以起到缓冲的作用。再者，本网兜加上了几个不同直径的圆环，进一步起到了缓冲的作用，水果下滑时不会受到很大的冲击，很好地保护了水果的表皮。这是本产品的一大亮点。

第四部分　实物展示

新一代摘果器效果展示

第二节 组合创造法

故事启示

日本松下电器，同学们一定不陌生吧？松下电器王国的主人——松下幸之助先生年轻的时候从事电灯插头的制造，结果他所有的积蓄——97 美元的家当全部付之东流，狼狈不堪的松下只好把妻子的和服拿去当现钱，以渡难关。可是他并不灰心，仍在观察和研究。有一天，他看到别人生产的插头要插两个灯泡非常不方便，于是把两个插座合起来变成可以插两个灯泡的插座。这一简单的功能相加，使他得到了巨大的成功。两用插座供不应求，他的公司很快发展起来。这是松下公司所拥有的 5 万件专利品中的第一件，是松下幸之助创业的起点。

想一想：请列举出日常生活中的组合创造法的物品。

知识储备

一、什么是组合创造法

组合创造法是指从两种或两种以上的事物或产品中，根据原理、材料、工艺、方法、产品、零部件等不同的属性抽取合适的技术要素，进行重新组合，从而获得新的产品、新的材料、新的工艺的方法。这是目前应用较为广泛的发明创造技法之一。

案例：瑞士军刀

被世界各国视为珍品的瑞士军刀，是迄今为止最精彩的工具组合。其中被称为"瑞士冠军"的款式最为难得，它由大刀、小刀、螺丝刀、开瓶器、电线剥皮器、钻孔锥、剪刀、钩子、木锯、凿子、钳子、放大镜、圆珠笔等 31 种工具组合而成。携刀一把等于带了一个工具箱，但整件长只有 9 厘米，重只有 185 克，完美得令人难以置信。正因为如此，素以苛求著称的美国现代艺术博物馆也收藏了一把瑞士军刀中的极品。美国前总统约翰逊、里根、布什都特地订购瑞士军刀，作为赠送国宾的礼品。瑞士军刀的生产商在国际消费电子展上推出了一款数字版的瑞士军刀，这

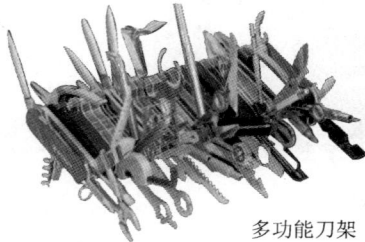

多功能刀架

把军刀集成了一个 32 GB 的 U 盘，可支持硬件 256bit 数据加密，并整合了指纹识别认证功能。除此之外，它还集成了蓝牙模块，在连接计算机后，用户可利用刀身上的两个按钮来控制幻灯片播放，并附带了一个演讲中常用的激光灯。当然，作为一把瑞士军刀，它依旧配备了主刀、指甲剪、螺丝刀、剪刀和钥匙圈等工具。

二、组合的类型

组合的类型多种多样。庄寿强等在《普通创造学》一书中，根据参与组合的组合因子的性质、主次以及组合的方式，将组合类型大体分为四类。我们在此基础上，增加一类综合性组合，将组合类型分成五类。

（一）同类组合

同类组合也称同物组合，就是将若干相同的事物进行自组。例如，大家都知道的双层公共汽车、情侣伞、情侣衫、双向拉链、双色笔或多色笔、子母灯、霓虹灯、双层文具盒、多级火箭等。同类组合参与组合的对象与组合前相比，只是通过数量的变化来增加新事物的功能，其性质、结构没有发生根本变化。同类组合的模式是：a+a=N。简单的事物可以自组，复杂的事物也可以自组。

案例：新型订书机

用订书机装订书、本、文件等时，常常要订两到三个钉，需要按压订书机两三次。钉距、钉与纸的三个边距全凭肉眼定位。因此装订尺寸不统一，质量差，工效低。有人运用同物组合的方法，将两个相同规格的订书机设计到一起，通过控制和调节中间机构，就可以适应不同装订要求，每按压一次，既可以同时订出两个钉，也可以只订出一个钉，钉距还可以根据需要进行调节。这样的订书机既保证了装订质量，又提高了效率。

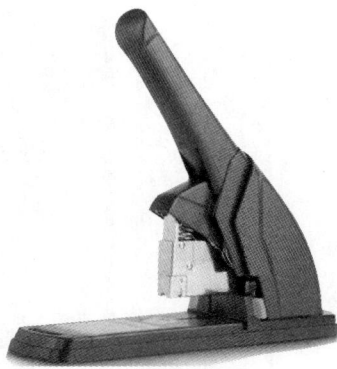

新型订书机

（二）异类组合

异类组合是指将两种或两种以上的不同领域的事物、思想或观念进行组合，产生有价位的新整体。异类组合的模式是：a+b =N。例如，维生素、糖果两者都是客观存在的事物，但是雅客 v9 将其二者融合，摇身一变成了"维生素糖果"；超声波灭菌法与激光灭菌法组合，利用"声—光效应"几乎能杀灭水中的全部细菌；等等。

案例：超声波牙刷

在购物网站上，一种新的超声波电动牙刷很受人们追捧。它结合了电动牙刷和超声波的功能，清洁效果优于一般的电动牙刷和普通牙刷。超声波牙刷在刷牙时，利用强力的摆动速度，通过流体动力来清洁牙齿，摆动频率每分钟可达 31000 转，利用共振的原理，产生动态流体强力清洁作用。由于超声波牙刷是利用超声波能量的空化效应达到清除牙周的病菌和不洁物的目的，其可以全方位深入手动刷牙根本无法到达的牙缝甚至牙根内。超声波能量通过刷头的刷毛传递到牙齿和牙龈表面，使菌斑、牙垢和细小的牙石松动，破坏其在牙根及牙面各处隐藏的细菌的繁殖。同时，超声波能量通过刷毛传递到牙齿表面，并渗透到牙齿内部，作用于细胞膜后，可以加速血液循环，促进新陈代谢，从而抑制牙周炎症和牙龈出血，防止牙龈萎缩。

超声波与牙刷来自不同的领域，它们组合在一起就属于是异类组合。异类组合绝不是简单的凑合。例如，狮身人面像是古埃及文明的遗迹，是"狮身"与"人面"的组合；收录机是收音机与录音机的组合；电吹风熨斗是电吹风与熨斗的组合等。

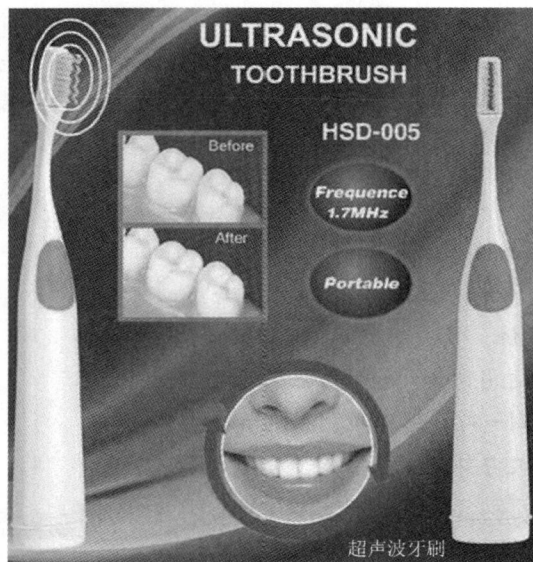

超声波牙刷

（三）主体附加组合

主体附加组合又称添加法或主体内插式法，是指以某一特定的事物为主体，通过补充、置换或插入新的事物，而得到新的有价值的整体。例如，最初的洗衣机只有搓洗功能，后来增加了喷淋和甩干装置，使洗衣机有了漂洗和烘干功能；电风扇开始也只有简单的吹风功能，后来逐渐增加了控制摇头、定时、变换风量等装置后，才成为今天的样子；手机一开始叫"大哥大"，只有通话的功能，现在附加了短信、上网、照相等多种功能。

案例：磁化杯

杯子是日常生活用品，其基本用途就是用来盛水。那么，能将杯子进行革新吗？一位工程师就用主体附加组合发明了磁化杯。他在杯底及杯盖上各加一块磁铁，当旋转杯盖时，两块磁铁产生相对运动，使磁场发生变化。经磁化处理过的水，其溶解氧以及其他物质的性能均有所提高。这种微小的物理变化，造成水的浸润性和渗透性加强。人饮用磁化水，有利于体内各系统代谢废物的溶解和排出，促进人体新陈代谢，从而具有保健功能。磁化杯的发明人在申请专利后，利用1万元贷款，在10平方米的"厂房"内办起了哈尔滨磁化器厂，工厂迅速发展，终于成为全国闻名的企业。

磁化杯

在主体附加组合中，主体事物的性能基本上保持不变，附加物只是对主体起补充、完善或充分利用主体功能的作用。附加物可以是已有的事物，也可以是为主体设计的附加事物。例如，在文化衫上印上旅游景点的标志和名字，就变成了具有纪念意义的旅游商品；同样，一本著作有了作者的亲笔签名，其意义也会不同。

主体附加组合有时非常简单，人们只要稍加动脑和动手就能实现。只要附加物选择得当，同样可以产生巨大的效益。智能手机不仅是现在人们追求的时尚产品，也是未来手机发展的新方向，其实智能手机就是安装了开放式操作系统的手机。

（四）重组组合

重组组合简称重组，是指在同一个事物的不同层次上分解原来的事物或组合，然后再以新的方式重新组合起来。重组组合只改变事物内部各组成部分之间的相互位置，从而优化事物的性能，它是在同一事物上施行的，一般不增加新的内容。

任何事物都可以看作由若干要素构成的整体。各组成要素之间的有序结合，是确保事物整体功能和性能实现的必要条件。如果有目的地改变事物内部结构要素的次序，并按照新的方式进行重新组合，以促使事物的功能和性能发生变革，这就是重组组合。重组组合能引起事物属性的变化。

自从螺旋桨飞机发明以来，螺旋桨都是设计在机首，两翼从机身伸出，尾部安装稳定翼。美国著名飞机设计专家卡里格·卡图按照空气的浮力和气流推动原理，将螺旋桨放在了机尾，即像轮船动力系统一样推动飞机前进，把稳定翼放在机头处，设计出世界上第一架头尾倒换的飞机。重组后的飞机，有尖端悬浮系统，更趋合理化的流线型机体外形，这不仅提高了飞行速度，而且排除了失速和旋冲的可能性，提高了飞行安全性。

由此可见，重组组合也能创新出杰出的成果。重组组合有三个特点：第一，重组组合是在一件事物上施行的；第二，在重组组合过程中，一般不增加新的东西；第三，重组组合主要是改变事物各组成部分之间的相互关系。在进行重组组合时，首先要分析研究对象的现有结构特点。其次，要列举现有结构的缺点，考虑能否通过重组克服这些缺点。最后，确定选择什么样的重组方式，它包括变位重组、变形重组、模块重组等。

（五）综合

综合是对先进事物、思想、观念等实行融合并用，而形成新的有价值的整体。综合是各类组合的集大成者，是一种更高层次的组合，具有系统性、完整性、全面性和严密性的特点。牛顿说过："我是站在巨人的肩膀上。"这绝不是谦虚，牛顿定律不是其匠心独运，是综合了天文学家开普勒的天体力学和物理学家伽利略的力学知识而提出来的。在管理领域，企业采用多种方法对资金、物流、人力资源等进行有效管理。项目管理、ERP、CRM 和 ISO 国际质量标准等管理方法综合并存，从而创造出有自己特色的管理方法和模式，如 ABC 管理模式和海尔管理模式。综合不是杂乱无章的"大拼盘"，而是完美的有机结合。在艺术上的综合也不例外。例如，陈刚、何占豪将传统越剧优美的旋律与交响乐浑厚的表现方式完美结合，奏出了轰动世界的《梁祝》；徐悲鸿、蒋兆和将中西画功底与表现技巧巧妙结合，创造出丹青泼墨，等等。在文学艺术创作中，综合一些人的特点，然后集中到一个人的身上，便能创造出典型人物，使之形象鲜明、血肉丰满，这是作家塑造人物形象的重要手段。现代科学技术突飞猛进，边缘学科不断兴起，各种科学技术你中有我，我中有你，呈现出一种综合化的趋势。这种综合化的趋势，使人们认识到：很多大科学家，都是因为善于综合，才有了重大突破性的成功。

实战训练

学习活动一：成双成对当红娘

活动目标：学会运用同类组合进行创新。

活动时间：15 分钟。

活动步骤：

步骤一，请同学观察、寻找在我们周围哪些事物是单独的或处于单独运用的状态。

步骤二，主持人先选取五种单独事物，写在黑板上。

步骤三，请同学们将这些原来单独或单独使用的事物进行自组，分析进行同类组合后能否产生新的功能意义，或有新的改善。

步骤四，组织学生汇报组合成果。

步骤五，主持人再选取 5 种单独事物写在黑板上，进行再次练习，组织学生汇报结果。

步骤六，活动目标基本达成后，评选"最佳红娘"5 名，进行奖励。

活动提示：

考虑同物自组能否实现、怎样实现，这是当好红娘的关键所在。这需要多多训练自己的想象力，方能做出与众不同的创新。

学习活动二：主体附加组合实训

活动目标：学会运用主体附加组合进行创新。

活动时间：15 分钟。

活动步骤：

步骤一，主持人给出梳子、水杯、桌子、手机、黑板等事物。

步骤二，主持人要求同学在保留这些事物主体功能不变的情况下，加上其他附加物，以扩大其功能，把结果制成表格，填写自己的创新设想。

步骤三，主持人组织学生汇报组合成果。

步骤四，主持人再选取 5 种事物写在黑板上，再次进行练习，组织学生汇报结果。

步骤五，活动目标基本达成后，评选"最佳组合方案"5 项，进行奖励。

活动提示：

主持人可以和学生一起有目的、有选择地确定主体。可以引导学生全面分析主体的缺点，使学生思考：能否在不变或略变主体的前提下，通过增加附属物克服或弥补主体的缺陷？也可以引导学生对主体提出种种希望，并使学生思考：能否通过增加附属物来实现对主体寄托的希望？还可以引导学生分析：能否利用或借助主体的某种功能，附加一种别的东西使其发挥更大的作用？

学习活动三：组合实训

活动目标：学会运用各种类型的组合创新。

活动时间：30 分钟。

活动步骤：

步骤一，分组活动第一次。

按课堂座位，就近 6～8 人为 1 组，推出 1 位同学做组长，1 位同学做秘书，1 位做发言人。组长主持讨论，秘书记录。讨论内容如下：

（1）畅谈几年来运用组合进行创新的事物（请不要对同学的发言作任何评价和判断，时间为5分钟）。

（2）对畅谈中的例子进行甄别，删除不属于组合创新的例子。

步骤二，全班活动第一次。

（1）由秘书代表本组向全班同学汇报，共同分享各组的讨论成果。

（2）把记录每项成果的关键词写在黑板上。

步骤三，分组活动第二次。

用刚才大会发言中各组所提及的事物（不超出刚才提及的事物的范围），重新进行组合创新讨论，看哪个组创新金点子多。然后回到原组，组长继续组织讨论，秘书记录。讨论内容如下：

（1）用刚才各组汇报中所说的关键词，进行新的组合创新。可以异想天开，不考虑是否能做出来（不要对同学的发言作任何评价和判断，时间为10分钟）。

（2）对畅谈中的创新进行讨论，推出最能代表本组创新的3～5个例子。

步骤四，全班活动第二次。

（1）发言人代表本组向全班汇报本组最佳组合创新。

（2）班长组织全班同学的"最佳创意汇报会"。

（3）全班每位同学选取一项自己最感兴趣的最佳创意，填写创新方案登记表。

拓展阅读

爱心水龙头

作品创作时间：2015年12月

作品创作者：程浩南　吴文辉　傅晓杰

指导教师：陈贵斌

获奖等级：丽水市创业创新二等奖获奖作品

第一部分　设计理念

设计理念一

本产品是为上肢残疾者专门设计的。有的残疾者在刷牙时无法端着水杯刷牙，只能侧着脸，用嘴对着水龙头，这样有时候会让水从脖子一直流到身上，本产品就是让上肢残疾者在刷牙和漱口时再也不用低头侧脸。

设计理念二

当下社会外出学习、交流、旅行不断地增多，那么住酒店是必然的，但是很多媒体曝光，酒店清洁工作人员的工作往往不到位，在清理过程中很随意，这令很多外出人员很担心，所以在出行时他们都是大包小包地携带大部分生活用品。本产品主要功能是让客人不用酒店水杯就可以很方便地刷牙漱口了。

第二部分　设计图样

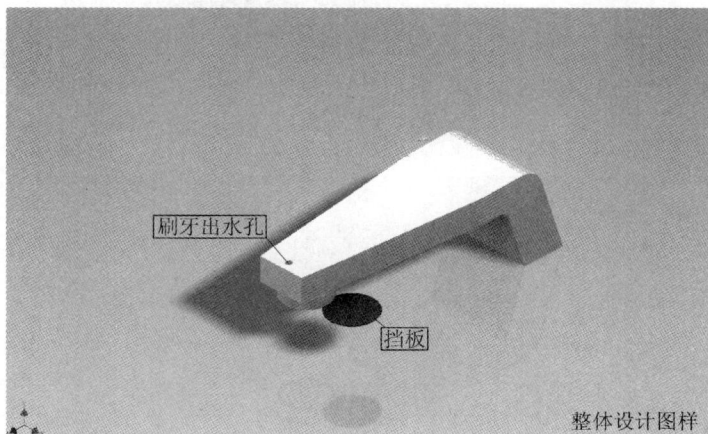

刷牙出水孔

挡板

整体设计图样

刷牙出水孔

水龙头主体

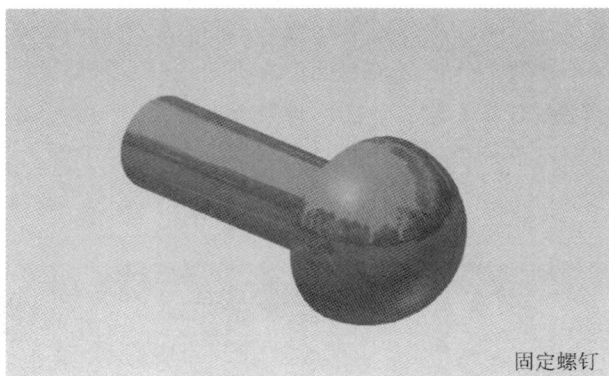

固定螺钉

挡板

第三部分　产品实体图

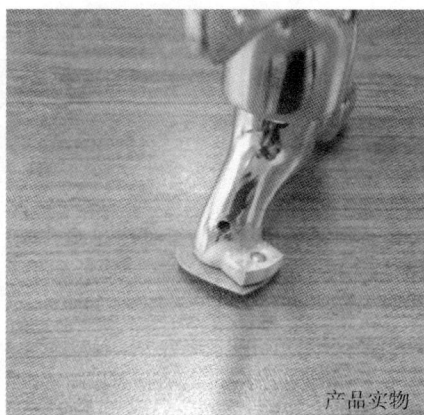

产品实物

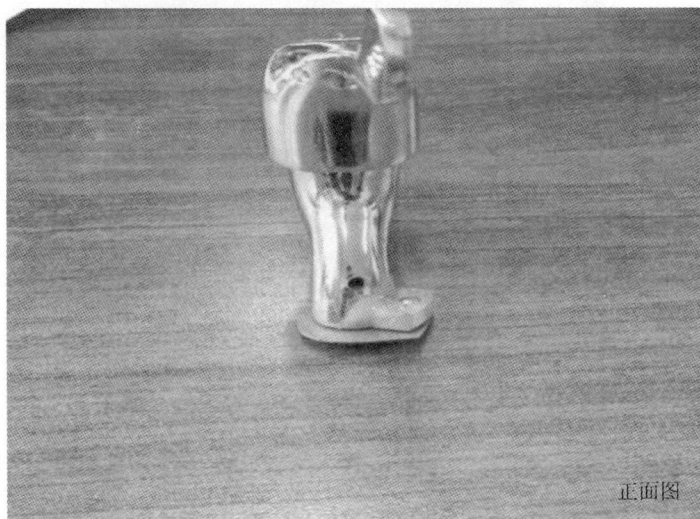

正面图

侧面图

仰视图

第四部分　产品原理

　　本产品主要由三部分组成，即水龙头主体、挡板和固定螺丝。使用说明如下：刷牙时，可以转动挡板将水龙头出水口封闭，水就会从水龙头的上方刷牙孔射出，我们只要用嘴巴对准出水口就可以了，如果水压太大或太小，可以调节挡板进行控制，当刷牙结束后洗脸或洗手时，再转回挡板，水便从大的出水口出来。

1. 产品实际展示图

推开挡板，水流向下

闭合挡板，水从刷牙孔喷出

2. 实际展示图

实用效果

第三节　缺点列举法

故事启示

少年罗斯福

美国前总统罗斯福小时候是一个性格懦弱、胆小的学生，在学校课堂里总显露一种惊惧的表情，呼吸就好像喘大气一样。如果被叫起来背诵，他立即会双腿发抖，嘴唇也颤动不已，回答起来，含含糊糊，吞吞吐吐，然后颓然地坐下来。更因为牙齿的暴露，他没有一副好的面孔。没有一个人能比罗斯福更了解自己，他清楚自己身体上的种种缺陷，可他从来不欺骗自己。他用行动来证明自己可以克服先天的障碍而得到成功。事实上，缺陷促使他更加努力奋斗。他没有因为同伴对他的嘲笑而缺乏勇气。他习惯性的喘气变成了一种坚定的嘶声。他用坚强的意志，咬紧自己的牙床使嘴唇不颤动而克服他的惧怕。

凡是他能克服的缺点他便克服，不能克服的他便加以利用。通过演讲，他学会了如何利用一种假声，掩饰他那无人不知的龅牙，以及他的"打桩工人"的姿态。虽然他的演讲并不具有任何惊人之处，但他不因自己的声音和姿态而遭失败。他没有洪亮的声音或是庄重的姿态，他也不像有些人那样具有惊人的辞令，然而在当时，他却是最有力量的演说家之一。

由于罗斯福没有在缺陷（缺点）面前退缩和消沉，而是充分、全面地认识自己，正确地评价自己，甚至对它加以利用，使其变为资本和扶梯，从而登上权力之巅。

想一想：你身上有没有可以更改的缺点，请你找一找。

知识储备

一、什么是缺点列举法

缺点列举法是一种分析列举型的创新思维，是将某一事物或产品的所有缺点都列举出来，然后通过对其中的一个或若干个缺点改进或改革，获得新发明新成果的创造技法。

其实质是鼓励人们积极寻找并抓住事物不方便、不合理、不美观、不实用、不省料、不便宜、不安全、不省力、不耐用等各种缺点及不足，把它们一一列举出来，然后针对不足之处，有的放矢，发明创新，寻找解决问题的最佳方案。

案例：卷笔刀的发明

17 世纪的时候，人们只是用刀来削铅笔。随着社会的进步，到了 19 世纪初，人们需要用到更多的铅笔，而且对削铅笔花费的时间也有了更高的要求，所以用刀削铅笔已经相当落伍。运用机械原理的卷笔刀就在这种环境下应时而生了。1906 年，艾里克·高思和丹尼尔·拉卡米埃在法国成功申请了卷笔刀的专利。卷笔刀是用于削铅笔的工具，它的特征是刨体上设有角度导槽和有开口的斜面，装有可拆卸磨修或调整切削深度的切削刀片。切削刀片可以多次磨修使用，削修铅笔既方便又不易弄断笔芯。卷笔刀寿命长、结构简单、易于制造，同时适用于小型竹、木件的制作。可是，清理卷笔刀的笔屑是一件比较麻烦的事情。针对卷笔刀的这一缺点，在卷笔刀周围加上一个封闭盒子，就可以把笔屑集中，同时可以设计不同的形态结构，使卷笔刀既方便又美观。后来，根据不同的缺点，市面上又出现了手摇卷笔刀、电动卷笔刀等新式产品。

世界上一切事物都不是十全十美的。上述案例告诉我们，只要用发展的眼光去看事物，总可以更新产品，因为即使是特畅销商品也绝非完美无瑕。将缺点或不足列举出来，提出改进方案，形成新的有创意的设想，这就是发明创造的绝妙突破口。

二、缺点列举法的实施步骤

缺点列举法的特点是直接从社会需要的功能、审美、经济等角度出发，研究对象的缺点，提出改进方案。此法主要是围绕着原事物的缺点加以改进，一般不改变原事物的本质与总体，属于被动型的方法。它一方面可用于老产品的改造，也可用于对不成熟的新设想、原产品的完善，另外还可用于企业经营管理的改善等。采用缺点列举法并无十分严格的步骤，一般可按照以下三个步骤进行。

（1）选定一个对象，尽量列举它的缺点，需要时可事先进行广泛调查研究，征集意见。

① 会议法。召开一次缺点列举会，会议有 5～10 人参加，会前针对某项事物选择一个需要改进的主题，让与会者围绕此主题尽可能多地列举各种缺点，再将提出的缺点记录在一张卡片上并编号，越多越好。之后从中排选出主要缺点以制定切实可行的方案。

② 用户调查法。企业在改进产品时使用缺点列举法可以与征求用户意见结合起来，通过销售、售后服务、意见卡等渠道广泛征集缺点。用户所提出的意见是设计人员所不易想到的。

③ 对照比较法。将同类产品集中在一起，从比较中找缺点，甚至对名牌产品"吹毛求疵"，找到可以改进之处。

缺点列举法运用步骤示意图

```
选定对象
  ↓
列举缺点
  ↓
分析缺点
  ↓
确定方案 ←──────────┐
  ↓              缺点逆用
改进性设计          │
  ↓               │
新产品 ←───────────┘
```

（2）将一个或几个缺点加以归类、整理。

逐一列出各基本单元的各种不足之处。为了避免遗漏，在寻找每一基本单元的缺点时，可遵照属性列举法的次序，从名词类、形容词类、动词类和量词类四个方面去思考。对于一时找不出缺点的部分可暂时搁置一旁，不必花费过多时间。

（3）针对所列缺点逐条分析，研究其改进方案看能否将缺点利用，化弊为利。

针对已罗列出的各种缺点，逐一提出弥补和改进的设想。对于一个缺点的改进设想不一定只限于一个，如有可能，应该提出几种想法，以便在设想处理阶段对比选择。

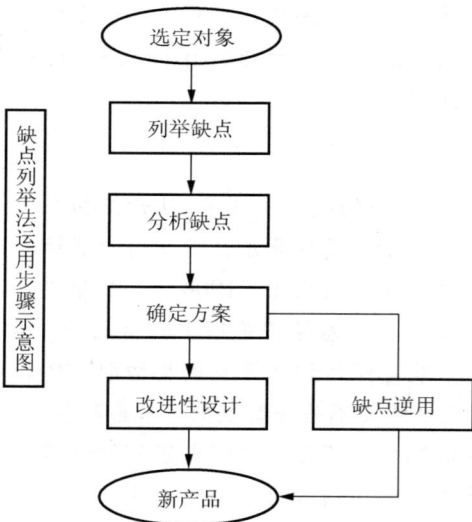

三、缺点列举法的应用案例

运用缺点列举法列举事物的缺点，是为了更好地确定现有事物或既有产品可供分析和改进的地方。寻找缺点是创新的一块跳板。在别人看不到缺点的地方找到缺点，在别人认为没有问题的地方发现问题，这本身就意味着你在创新的起跑线上占得了先机。

案例：雨伞的改进

传统长柄雨伞的缺点	缺点分析	改进后的雨伞类型
乘车时雨伞上的水会弄湿别人的衣服	伞面的水无法处理	伞顶加装集水器的雨伞、反撑雨伞
携带不方便	柄太长，不可折叠	可折叠伸缩的雨伞，如三折伞
伞布透水	伞布质量差	伞布经防雨处理的雨伞
样式单调、不美观	伞布颜色老式单调	各种花样色彩的伞
式样和功能不能兼顾	伞样式单调	两人共用的椭圆形情侣伞、可兼作手杖用的手杖伞、有照明功能的夜行伞
……	……	……

案例：电炉的发明

人们会认为家用电炉理所当然应该是由电气学家发明的。错了，电炉的发明人是一位美国的新闻记者，他的名字叫休斯。1900 年前后，美国的电力工业方兴未艾，电器业也随之开始崭露头角。不过，这对电器知识不足却又想在电器业创业的休斯来说，是毫无头绪的。休斯却在一次偶然的事件中，获得了机会。那是在一个周末，休斯应邀到一个朋友家做客，吃饭时发觉菜里有一股很浓的煤油味。休斯感到难吃，但碍于情面和礼貌，紧皱着眉头把菜吃下去。他的朋友及妻子也尝出味道不对头，都感到尴尬。寻找原因，结果是由于用煤油炉烧菜时，不小心把煤油弄到菜里了。这件事给了休斯很大的启发：做饭是家庭主妇一项最基本的工作，如果我能发明出一种用电的炉子，不是又省事，又能避免煤油炉的缺点吗？

于是休斯开始了电炉的研究发明。他反复试验，不知失败了多少次，也不知被"电老虎"电过多少次。起初的两年时间里，他没有休息过一天。1904年，休斯的电炉终于研制成功了。经过他大力宣传、示范表演、信誉销售，电炉逐渐成了大众喜欢的灶具。后来，休斯又在芝加哥成立了"休斯电气公司"，陆续推出了电锅、电壶等家用电器，也很受家庭主妇们的欢迎。休斯电气公司成了驰名世界的大公司。谁会想到，休斯的辉煌事业却起因于他吃了一顿朋友家带有煤油味的饭菜呢！

想一想：电炉发明后，为什么还会出现了其他的炉子？如电磁炉、酒精炉等？

反撑雨伞

实战训练

1. 尽可能多地列举下列物品的缺点：

伞 圆珠笔 眼镜 日光灯 手套 热水袋 手电筒

2. 有什么方法能让肥皂不易粘住肥皂盒底？（凸点、开孔等）

3. 漏斗下端横截面的形状除了方形外，还可以采用什么形状？（多边形、凸条、凹槽等）

4. 列举缺点应从哪些方面入手？

5. 列举缺点的目的是什么？

拓展阅读

人们要进行创新，就需要善于寻找创新的契机，同时还要不断地进行观察学习，吸收他人的创新观点，将其转化为自己的创新意识。新的创意往往是通过对一系列相关问题或建议的列举而被开发出来的。缺点列举法就属于创意列举法的一种。人们可以通过列举一系列问题或建议来指导新创意的开发方向，最终获得全新创意。

创意列举法主要分为属性列举法、希望点列举法、优点列举法和缺点列举法四种，下表为各类列举法的分类比较，见表2.1。

表2.1　各类列举法的分类比较

类型	具体解释	说明
属性列举法	先观察和分析属性特征，再针对每项特征提出创新构想	这种方法是一种创意思维策略，强调人们在创造的过程中，先观察和分析事物或问题的属性特征，然后再针对特性提出相应的改良或改变的构想
希望点列举法	不断地提出理想和愿望，针对希望和理想进行创新	这种方法是指人们不断地提出理想和愿望，针对这些希望和理想，寻找解决问题的对策、实现这些理想和愿望的方法
优点列举法	逐一列出事物优点，进而进一步探求改善的方法	这种方法指的是人们通过逐一列出事物的优点，而寻求解决问题、提出改善对策的方法
缺点列举法	列举缺点和不足之处，找出解决问题的方法和改善的对策	与优点列举法相对应，这种方法是人们针对一种事物，不断地列举其缺点和不足之处，然后分析这些缺点，从而找出解决问题和改善对策的方法

上述四种方法中，缺点列举法是最为普遍使用的创意列举法。一般来说，创新者总有做不完的课题，不过对于初学者，可能会遇到"不知道创新什么"这样的问题。缺点列举法属于选题的方法，可帮助你选题，而且它是一种易于掌握、被广泛采用的方法。

新型自动应急灯

作品创作时间：2014年11月

作品创作者：周迎贞　章明　王丽

指导教师：江坚　董香龄

获奖等级：2016年浙江省中等职业学校职业能力大赛学生职业素养创新创业赛项小发明类三等奖

第一部分　设计理念

消防应急照明系统主要包括事故应急照明、应急出口标志及指示灯，是在发生火灾时正常照明电源切断后，引导被困人员疏散或展开灭火救援行动而设置的。国内使用的应急照明系统以自带电源独立控制型为主，正常电源接自普通照明供电回路中，平时对应急灯蓄电池充电，当正常供电电源切断时，备用电源（蓄电池）自动对照明光源进行供电。如果发生火灾或者烟雾弥漫时，由于电源没有被切断，应急灯未能及时打开，不能引导被困人员疏散或展开灭火救援行动。针对应急灯的这一缺点，我们分析设计了一款能在发生火灾或者烟雾弥漫时自动打开应急照明光源的新型自动应急灯。

第二部分　设计原理

普通应急灯在发生火灾或者烟雾弥漫时，由于电源没有被切断，应急灯不能打开，而新型自动应急灯是在原应急灯电路的基础上加装了MQ-2气敏传感器控制电路。烟雾传感器检测到信号时控制直流继电器来断开原控制板的电源，从而达到启用备用电源（蓄电池）自动供电。火灾时空气质量中异样气体浓度增加（或烟雾弥漫），利用MQ-2气敏传感器检测到烟雾后转变成电信号，切断应急灯外部电源，从而达到点亮应急灯的效果。新型自动应急灯还能够在气体浓度较高时有声音报警功能。该电路还具有延时功能，即当烟雾散尽，延时一定时间后会自动恢复正常工作。

第三部分　实物展示

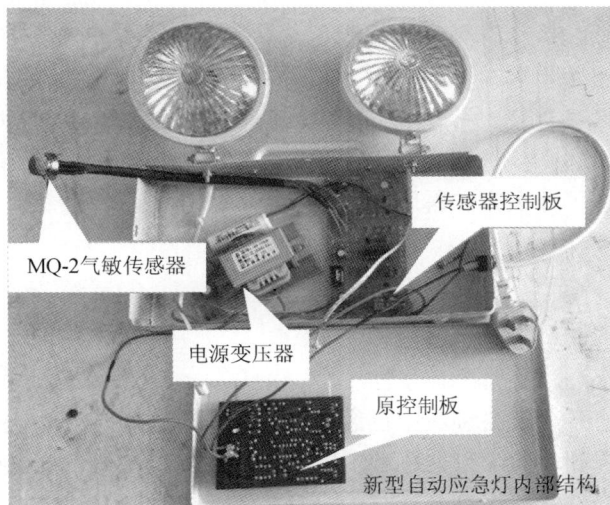

新型自动应急灯内部结构

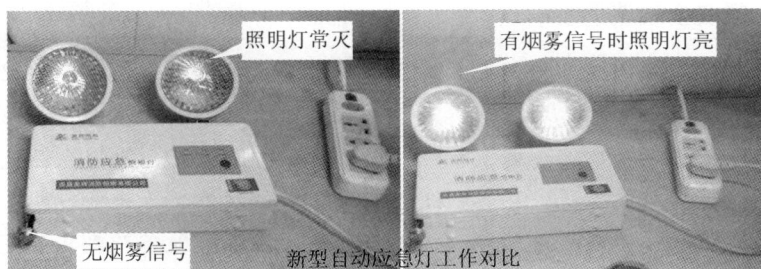

新型自动应急灯工作对比

第四节　移植发明法

故事启示

在影视作品《济公醉接梅花腿》中，济公被广亮和尚逐出了灵隐寺，净慈寺的德辉长老收留了济公。当地有个特别贪财的恶霸叫赵天鹏，他手下有一个管家经常仗势欺人。管家提出让赵天鹏向路人索要过桥费，并放了两个大箱子在桥头，让路人向箱里投钱。济公施法术，令钱箱着火，赵天鹏慌忙把自己的右脚放进去灭火，结果一条腿变成了铜钱铸的。临安名医李茂春也束手无策，他建议赵天鹏去找净慈寺的道济和尚。济公被请来给恶霸治腿，唯一的办法就是换腿，在场所有下人的腿都不合适，唯独管家的腿合适。管家没有办法只好照办了，于是赵天鹏的腿换好了，可是管家的腿没有了，济公就把狗的右后腿换给了管家，因此后人将仗势欺人、为虎作伥的人称为"狗腿子"。狗没有了后腿，济公就用泥搓一条泥腿给狗，并对身边卧着的狗说："你呀我也不会亏待的，给你捏条泥腿，你就将就着用吧。"至于狗呢，撒尿的时候总要翘起一条腿，那就是因为这条腿是济公用泥做的。

想一想：济公用了什么方法医腿？

知识储备

一、什么是移植发明法

移植发明法是将某个学科领域中已经发现的原理、技术、方法、结构、材料和用途等移植、应用或渗透到其他学科、技术领域中去，为解决其他学科、技术领域中的疑难问题提供启示或帮助，从而得到新作品的一种创造发明方法。

案例：防震安全玻璃的发明

1907 年的一天，法国化学家贝奈第特斯在实验室里整理药品，不小心把一只药瓶碰掉在地板上。他拾起来看时，只见瓶体完好，只是药瓶上布满了裂纹。贝奈第特斯觉得很奇怪，因为通常这种瓶子掉在地上就会摔得粉碎。时隔不久，他接连在报纸上看到汽车车窗玻璃破碎而伤人的报道，联想到瓶子裂而不碎的现象，于是他就想：能否将掉到地上而不碎的玻璃瓶移植到汽车玻璃上呢？有了这个念头，他就跑到实验室，仔细检查了保留下来的那个药瓶，发现药瓶里的化学药品经长期蒸发，在瓶子的内壁上沉积一层坚韧而又透明的薄膜，这种薄膜牢牢地粘在瓶子上，因此瓶子掉在地上，只震出裂纹而不破碎。贝奈第特斯由此发明了防震安全玻璃。

碎而不裂的玻璃

中国有句古话叫："他山之石，可以攻玉。"这句话说的就是移植创新法。在科学史上，许多重大的发明就是借用其他领域的有关知识，才解决了本领域中长期未能解决的重大问题。例如，把计算机、激光技术移植到印刷领域，便带来了印刷出版行业的一次革命；把植物根系在土壤中的结构与原理移植到土木工程中发明了钢筋混凝土结构；把数控技术移植到普通机床上，加以改造融合后就发明了数控机床；把液压技术移植到机械工程领域后，极好地解决了远距离传动、简化机构及操纵方便等问题。随着科学技术的进步，虽然各行各业的分工越来越细化，但各行业之间的新技术、新思想的转移也不断加快。人们在某一领域取得的科学理论和技术成果，包括该成果诞生的环境、过程、思路、方法和手段，都可能在其他领域具有同等重要甚至更加重要的创新意义。

二、移植发明法的类型

移植法的原理是各种理论和技术互相之间的转移。一般是把已成熟的成果转移到新的领域，用来解决新问题。根据不同情况，移植发明法可以分为原理移植、技术移植、方法移植、结构移植、功能移植、材料移植六种基本类型。

1. 原理移植

原理移植是一种把某一领域的科学原理有意识地移植到另一领域而形成创新的方法。

案例：苯酚消毒法的发明

巴斯德发表了关于有机物腐败和发酵的研究成果后，一位英国医生恍然大悟，他想，这个原理可以移植到外科手术上去。他认为有机物腐败和发酵是由于外来的细菌感染，而外科手术后病人伤口的化脓和溃烂也是外来细菌感染的结果。于是，他采取苯酚消毒的办法，终于在 1865 年发明了无菌手术法，这个方法使得外科手术后病人的死亡率从80%以上降低到了 15%。

2. 技术移植

技术移植即把某一领域中的技术运用于解决其他领域中的问题，如发泡方法的移植。

（1）移植到食品加工——发泡面、发泡饼等

（2）移植到喂牲口——发酵发泡饲料。

（3）移植到包装、运输、保温、隔声等领域——发泡塑料。

（4）移植到采光材料——发泡玻璃：采光柔和，又不透明，质轻。

（5）移植到金属——发泡金属：质轻而坚韧。

（6）移植到隔热品——发泡橡胶、泡沫塑料。

（7）移植到超轻型纱布代用品——发泡树脂。

（8）移植到工业产品——发泡水泥。

发泡塑料

发泡水泥

3. 方法移植

方法移植即把某一学科、领域中的方法应用于解决其他学科、领域中的问题。

案例："尿不湿"改善沙漠化

"尿不湿"是一种高吸水性的婴儿尿布，它突出的特点是蓄水量是自身重量的500～1000倍，所以婴儿撒出来的尿会被它全部"喝光"。气候干燥和少雨是土地沙漠化的主要原因，凡是年降雨量在150毫米以下的地区，土地很容易变成沙漠。能不能使降下来的雨水不蒸发呢？科学家们想到了"尿不湿"这种材料，利用其高吸水性能来大量吸收水分，又可使其中的水分不易蒸发，让土壤保持一定的湿润性。实验证明，在一平方米的农田里，只要掺进100克"尿不湿"颗粒，至少可使土地少蒸发一半的水分。这种简单的方法为拯救沙漠中的绿洲和治理沙漠提供了一种独特的妙方。

4. 结构移植

结构移植是一种把某一领域的独特结构移植到另一领域而形成具有新结构的产品的方法。

案例：竹蜻蜓与直升机

竹蜻蜓是我国古代劳动人民发明的一种玩具。它是将竹片削成螺旋桨形状，插在一圆杆上，当手搓动圆杆快速旋转时，螺旋桨就可以飞上天。晋代葛洪写的《抱朴子》一

书中"用枣心木为飞车，以牛革结环剑，以引其机"就是关于当时制造直升飞车的描述。此玩具在明代时传入欧洲，法国人称之为"中国陀螺"。1907年，法国人保罗·科尔尼造出了第一架直升机，飞行时间为几秒钟，高度为12米，其严重缺点是飞行时飞机会打转。1939年，美籍俄国人西科尔斯基制造了一架VS-900直升机，被航空界公认为是第一架实用型直升机。他对直升机的创造性贡献是在直升机的尾部装上了一个垂直方向旋转的小旋翼，从根本上解决了直升机的打转难题。当人们看到直升机上一大一小的"竹蜻蜓"使这种飞行器在空中升降、悬停、操作自如时，无不盛赞这位移植和组合的高手。

竹蜻蜓与直升机有着相同的原理

5. 功能移植

功能移植即通过设法使某一事物的某种功能为另一事物所具有而解决某个问题。

案例：防毒面具的发明

在第一次世界大战时，德国军队向法国军队所隐藏的树林里放毒气，结果不仅人被毒死了，树林中的动物也都遭了殃。可是奇怪的是，这一地区的野猪竟意外地生存下来了。战后，这件事引起了科学家的极大兴趣。经过实地考察、仔细研究后，终于发现猪碰到怪气味，就本能地把长鼻子埋进土壤里。于是科学家猜测，土壤可能防毒气。经过试验，证明土壤颗粒的确能吸附空气中其他物质，起到过滤作用。于是，科学家想到可以运用土壤颗粒过滤空气的原理，发明一种防毒的工具。经过努力，一种防毒面具被发明出来了。防毒面具制成野猪的"面孔"：前面安有一个粗短的罐子，弯弯的，像野猪的嘴巴高高翘起来。罐子里的过滤物质换上了过滤效果更好的活性炭颗粒。当毒气袭来的时候，有毒物质就被活性炭吸收了。

6. 材料移植

材料移植即将某种产品使用的材料移植到别的产品的制作上，以起到更新产品、改善性能、节约材料、降低成本的目的。

案例：羽毛球拍的变化

在羽毛球拍的发展历史上，随着科学技术进步，材料经历了三次改变，由原来的简单的制作工艺到现在有科技含量的材料，使羽毛球拍更轻、更强、更耐用。在 20 世纪 70 年代以前，羽毛球拍基本上使用木材和钢管，从材料上看就知道这种羽毛球拍容易断，又笨重，而且还难用，又不美观。20 世纪 70 年代以后，铝合金被移植到羽毛球拍上，但很快发现这种材料弹性和强度都无法满足高水平选手的要求，已经处于被淘汰的地步了。目前流行的材料是碳纤维、钛合金、高强度碳纤维，它不仅更轻、更强、更耐用，而且吸收更多的振动与震荡，同时让球拍制造商在球拍的硬度、球感、击球性能的设计上有更大的发挥空间。

三、移植发明法的应用

移植发明法有两条途径。一条途径是将现有原理、方法等移植于具体事物。操作方法如下：获取已知的原理或方法，列出这个原理或方法能产生的具体功能，列出现实生活中需要这些功能的事物，提出各种应用原理或方法的设想，检验这些设想。另一条途径是为解决正在研究的问题，寻求可以移植的原理、方法。操作方法如下：提出对未来发明的要求，明确要解决问题的关键因素，列出在现实生活中能解决这个问题的各种装置，提出各种移植设想，检验这些设想。

案例：充气太阳灶

上海市五十一中连鑫等同学发明了充气太阳灶。他们把充气玩具的技术、日常商品的不干胶贴片，移植到太阳灶上；把课本上的知识——帕斯卡原理移植到新型太阳灶的设计中去，采用了原理、技术、原料等多种移植方法。他们在确定课题后，在儿童玩具店看见了充气玩具——救生圈。他们想，假如将两片圆形塑料薄膜边缘黏结，充气后会不会膨胀成一个抛物面呢？如果可以，抛物面的加工量可大大减少，而且整体质量又轻。实验显示，充气后在底面贴上真空镀铝涤纶不干胶片，结果有手掌般大小的聚焦斑点，很烫。他们又想到，帕斯卡原理讲到，在密闭的容器里，器壁受到的气体的压强是均匀的。既然如此，它形成的抛物面肯定是均匀的，聚焦效果更好。后来他们又将塑料管和铝合金管加工成框架、支架，无基板充气太阳灶就创造出来了。这款充气太阳灶有个核心气囊，气囊的底面上贴有反射膜。利用充气压力使底面形成很好的聚光反射镜，把阳光聚集在锅底上。气囊的上面是一层透明塑料膜，可以防尘、防水，保护反射膜。这种充气太阳灶很轻，只有 4 千克，用料又省，镜面工艺简单，造价只有相同功率的其他形式太阳灶的 20%左右。

该发明实际上是多种移植的结果：他们把充气玩具的技术、日常商品商标的不干胶贴片、凸透镜似的抛物面结构，移植到新的太阳灶上来，把课本上的光学、流体力学的原理等知识，移植到太阳灶的设计上，从而成功地完成了小发明。

案例：拉链的发明

拉链的发明曾被誉为影响现代生活的最重要的 10 项发明之一。这项发明是一位叫卡特逊的人为解除系鞋带的麻烦而想到的。1893 年他取得了专利权，并在哥伦比亚世界博览会上展出。这项发明一下子吸引住了一位叫霍克的年轻军官。他决定建一个拉链厂，并雇用了卡特逊。没想到拉链机的组装并非易事，卡特逊畏难而罢休。霍克经过 19 年的周折，装好了拉链机，却没有人想用生产出来的拉链做鞋带。后来，有家服装店的老板，把拉链移植到围腰式钱包上，一下子生意兴隆了。他又把拉链用到飞行服上，卖给了空军，很受欢迎。1930 年法国经济不景气，什么产品都不好销，而服装设计师夏巴列夫却因将拉链用在女式外套上而使之畅销市场。另一家服装店老板因为将拉链用在裤子上，而使该店经营活跃起来。

创意拉链钟表

霍克花了 19 年时间完成的发明，却因没有找到合适的用途而没有销路。而这些服装厂巧妙地把这项技术移植到服装的某些部位，实现了服装制作的革新，振兴了经济。可见灵活、有效的移植是多么的富有价值。

移植发明法是较常用的几种创新方法之一，是一种简便有效的方法。人们如果使用它进行创新发明，关键是要扩大知识面，不断用新的知识来武装自己。使用移植法，能使你的思路豁然开朗，一下子就能找到解决关键问题的办法。

案例：蚂蚁寻食与新电脑计算法

美国科学家认为，根据蚂蚁寻找食物的方式可以开发出新的电脑计算方法，以解决"寻找最佳路线"之类的复杂问题。科学家发现蚁群寻找食物时会派出一些蚂蚁分头在四周游荡，如果一只蚂蚁找到食物，它就返回巢中通知同伴并沿途留下"信息素"作为蚁群前往食物所在地的标记。信息素会逐渐挥发，如果两只蚂蚁同时找到同一食物，又采取不同路线回到巢中，那么比较绕弯的一条路上信息素的气味会比较淡，蚁群将倾向于沿另一条更近的路线前往食物所在地。类比蚁群的这种特性，可为电脑开发出新的计算方法，以解决"在许多城市之间寻找最佳路线"之类的问题。专家将在电脑程序中设计虚拟的"蚂蚁"，让它们摸索不同路线，并留下会随时间逐渐消失的虚拟"信息素"。根据"信息素较浓的路线更近"的原则，可选择出最佳路线。

这种计算方法被称为"蚁群优化计算法"，它灵活性较高，对环境变化的适应力较强，已经成为很重要的智能算法。

实战训练

人人都注意保护钱包。有的人将钱包穿在皮带上，有的人在钱包上拴一根绳系在身上，有的人把钱包堂而皇之地系在腰上成腰包。这些方法行之有效，但称不上巧妙。于是，有人研制出电子报警皮夹。当皮夹离开人体一段距离，人体携带的电子报警器就报警。然而，这种报警器不是体积过大，就是价格偏高。请你利用移植发明法，发明一种防盗钱包。

拓展阅读

电动车 USB 充电器

作品创作时间：2015 年 3 月

作品创作者：黄荣恩　邓玉燕　刘仁红

指导老师：江坚　罗高俊

获奖等级：2016 年浙江省中等职业学校职业能力大赛学生职业素养创新创业赛项小发明类三等奖

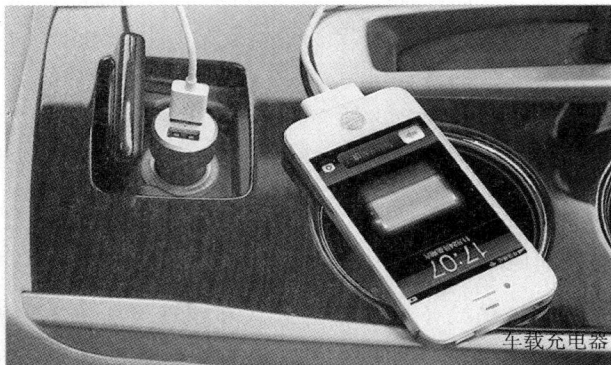

车载充电器

第一部分　设计理念

随着汽车工业的发展，车载充电器被广泛应用，它通常也被简称为 USB 车充。近年来，车载充电器呈现出多功能性、便携性、时尚性的特征。它利用了 USB 被广泛应用于各种充电接口的优势，将车内的 DC 12V 和 DC 24V 转成 USB 及各充电电器的 DC 5V 电压。而搭载 USB 充电接口的电动车少之又少，那么能不能将汽车 USB 充电口移植到电动车上？

第二部分 设计原理

汽车 USB 车充是将车载电源 DC 12V 或 DC 24V 转成 USB 及各充电器的 DC 5V 电压。电动车内部装载着 DC 60V 或 DC 48V 的电源，只要将电源转换成 DC 5V 的电源即可对手机进行充电。针对这一想法，我们对电路进行了以下处理：在网络上淘得 DC-DC LM2596HV 可调降压电源模块 60V 转 5V 进行改装。

第三部分 产品展示

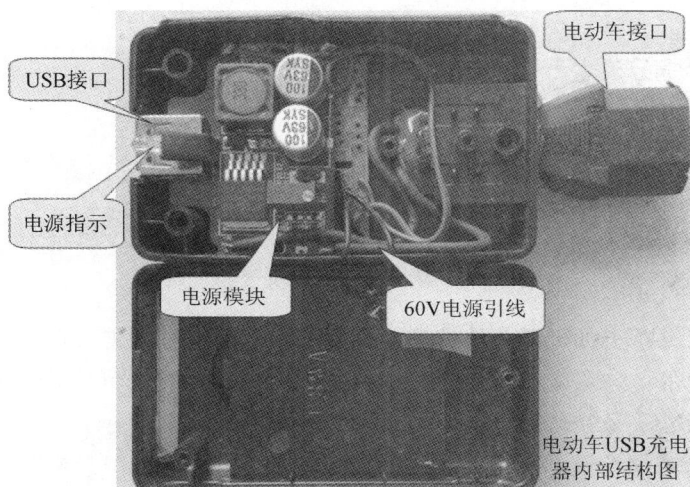

电动车USB充电器内部结构图

USB接口
电源指示
电动车接口
电源模块
60V电源引线

电动车USB充电器实际使用图

第三章

发明专利申报

专利制度就是给天才之火浇上利益之油!

——美国总统林肯

故事启示

华为逆袭苹果

长期以来,国产手机出海屡屡受到"专利大棒"的威胁,需要向高通、爱立信等支付巨额的专利费用,但是这一局面开始有所改观——依靠研发积累的专利技术,优秀的国内品牌也逐渐有了强势地位。

据国家知识产权局最新公布的许可备案登记信息显示,2015年华为向苹果公司许可专利769件,苹果公司向华为许可专利98件。这意味着,华为开始向苹果公司收取专利许可使用费了。

业内人士估算,苹果去年向华为支付的费用在上亿美元量级。苹果掏腰包向华为支付专利费用,意味着国内企业的专利技术话语权的提升。

华为逆袭苹果

(资料来源: http://finance.sina.com.cn/roll/2016-05-10/doc-ifxryarhs0587754.shtml)

故事启示

诺基亚毫无压力，躺着也能年收入数亿

诺基亚作为手机行业曾经的霸主，虽然随着智能手机的出现，苹果的称霸以及三星、华为的崛起而失去了原有的重要地位，但这并不意味着它就会彻底地退出历史舞台。毕竟，其深厚的底蕴将使它继续具有一定的影响力，而这些底蕴就来自于他们的专利。

以往，说到"豪门底蕴"的时候我们总会想到一些球队，如足球场上的 AC 米兰和篮球场上的洛杉矶湖人。即使它们现在都很没落，但相信支持它们的球迷会始终坚信：只要底蕴还在，球队就仍有重塑辉煌之日。而对于诺基亚来说，它的底蕴可不仅仅是情怀这么简单，更重要的还是超过 3 万份的独立专利！在 2016 年到 2018 年期间，诺基亚将通过专利获得至少 13 亿欧元的现金收入。

即使没有推出智能手机，诺基亚一样活得精彩

想一想：专利的作用体现在哪些方面？

（资料来源：http://www.wtoutiao.com/p/143oMKF.html）

知识储备

一、什么是专利

专利（patent）一词来源于拉丁语 Litterae patentes，意为公开的信件或公共文献，是中世纪的君主用来颁布某种特权的证明。我国专利教科书所普遍采用的一种说法是：专利是专利权的简称，它是由专利机构依据发明申请所颁发的一种文件。这种文件叙述发明的内容，并且产生一种法律状态，即该获得专利的发明在一般情况下只有得到专利所有人的许可才能利用（包括制造、使用、销售和进口等），专利的保护有时间和地域的限制。

二、专利的种类

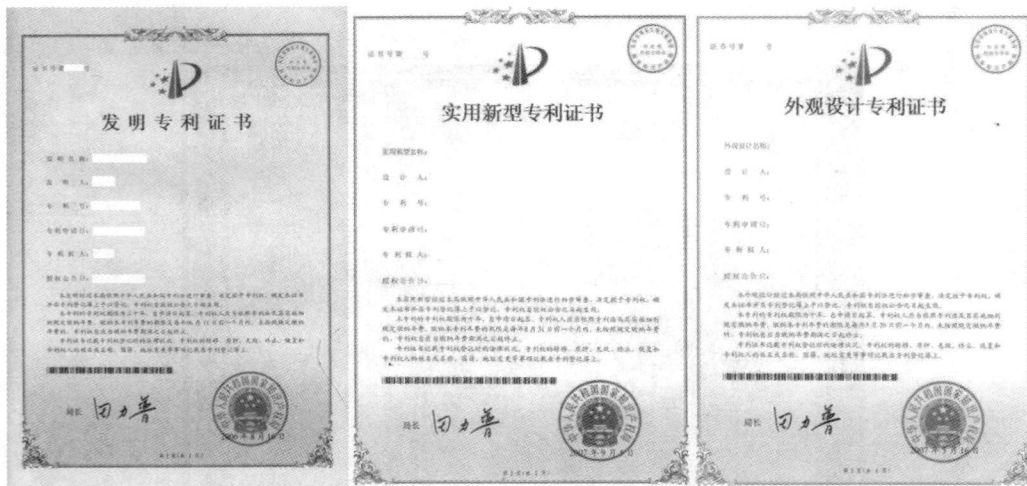

专利的种类在不同的国家有不同规定，在我国专利法中规定有：发明专利、实用新型专利和外观设计专利；在香港专利法中规定有：标准专利（相当于大陆的发明专利）、短期专利（相当于大陆的实用新型专利）、外观设计专利；在部分发达国家中分类：发明专利和外观设计专利。

1. 发明专利

我国《专利法》第二条第二款对发明的定义是："发明是指对产品、方法或者其改进所提出的新的技术方案。"

所谓产品是指工业上能够制造的各种新制品，包括有一定形状和结构的固体、液体、气体物品。所谓方法是指对原料进行加工，制成各种产品的方法。发明专利并不要求它是经过实践证明可以直接应用于工业生产的技术成果，它可以是一项解决技术问题的方案或是一种构思，具有在工业上应用的可能性。

2. 实用新型专利

实用新型是指对产品的形状、构造或者其结合所提出的适于实用的新的技术方案，授予实用新型专利不需经过实质审查，手续比较简便，费用较低，因此，关于日用品、机械、电器等方面的有形产品的小发明，比较适用于申请实用新型专利。

3. 外观设计专利

我国《专利法》第二条第四款对外观设计的定义是："外观设计是指对产品的形状、图案或其结合以及色彩与形状、图案的结合所作出的富有美感并适于工业应用的新设计。"

外观设计与发明专利、实用新型有着明显的区别，外观设计注重的是设计人对一项产品的外观所作出的富于艺术性、具有美感的创造，但这种具有艺术性的创造，不是单纯的工艺品，它必须具有能够为产业上所应用的实用性。外观设计专利实质上是保护美术思想的，而发明专利和实用新型专利保护的是技术思想。

三、专利的作用

国家建立专利制度，是为了保护发明创造专利权，鼓励发明创造，这样有利于发明创造的推广应用，促进国家科学技术的发展，增强国家的科技创新能力。专利权人获得专利权后，未经其许可，他人不得以生产经营为目的制造、使用、销售、进口其专利产品，或者使用其专利方法以及使用、销售、进口时依照其专利方法直接获得的产品。

如果我们有了发明创造不申请专利而随便公开，便有可能被他人夺走宝贵的发明，甚至还失去改变命运的良机。最会遗憾的是，有些发明人和技术人员已经有了成熟的技术方案，但是，由于发言时间所限或表达能力不强而被他人夺走了宝贵的发明。我们一定要记住："设想"和"建议"是得不到法律保护的。

案例：计算机图形用户界面专利

1973年4月，Xerox PARC（施乐公司帕洛阿尔托研究中心）研发出了第一代图形用户界面（GUI），但未申请专利，其后微软公司及苹果公司利用图形用户界面作为其个人电脑操作系统的基础，初步估计，施乐公司已白白损失了近10亿美元的特许费，而在另一方面，IBM公司在2001年通过转让专利，获得17亿美元的收入。

世界第一台图形用户界面计算机

四、专利申请的流程

1. 确定专利类型

根据我们创造发明的特点确定申报发明专利、实用新型专利、外观设计专利三个类型中的一种。

2. 专利查新

登录国家知识产权局专利检索系统（http://www.sipo.gov.cn/zljs/），可查询自己的创造发明是否与原有专利重叠。

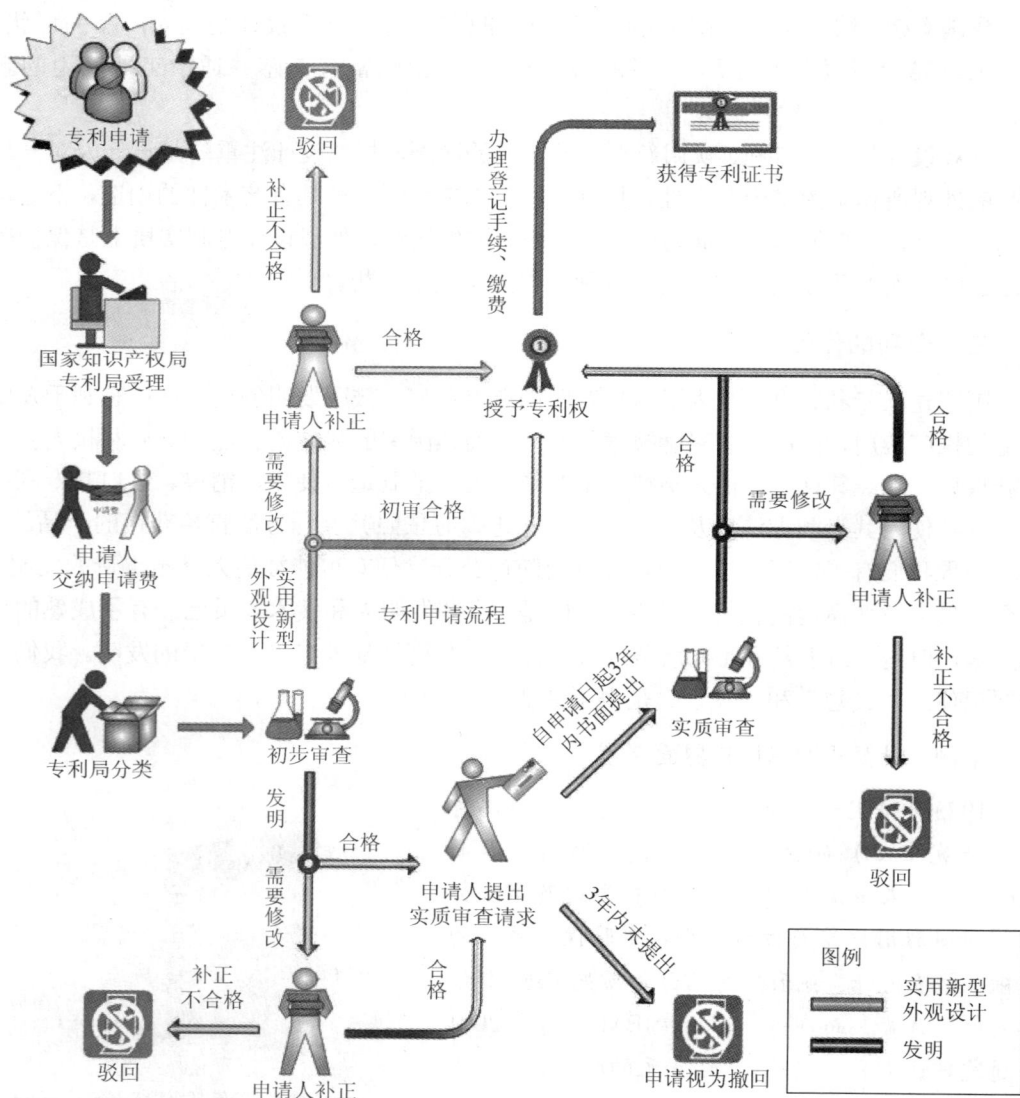

3. 填写申请资料

申请文件应当包括：专利请求书、摘要、摘要附图（适用时）、说明书、权利要求书、说明书附图（适用时），各一式两份。模板可在国家知识产权局网站下载。

4. 递交申请资料、缴费

专利申请必须采用纸件形式或者电子申请的形式办理。

5. 国家知识产权局受理、审核、授权

依据专利法，发明专利申请的审批程序包括受理、初审、公布、实审以及授权五个阶段。实用新型或者外观设计专利申请在审批中不进行早期公布和实质审查，只有受理、初审和授权三个阶段。发明专利审核授权时间为2～3年，实用新型专利10～12年，外观设计专利6个月。

实战训练

阅读下面的故事或观看视频"苹果 Siri 智能人机交互技术专利引纷争　小 i 机器人将继续申诉"。同学分成支持苹果 Siri 和支持小 i 机器人两队，选出队长、演讲人。两队研讨支持的理由并上台演讲。

案例："写得不够好"　小 i 机器人专利败诉

"因为专利写得不够好"，上海小 i 机器人在与苹果公司的 Siri 专利争夺二审判决中被判败诉。昨天，上海小 i 机器人召开新闻发布会，表示继续捍卫专利权，要求国家知识产权局对小 i 机器人"一种聊天机器人系统"有效性进行重新审查，并向最高人民法院提起申诉。

对上海的小 i 机器人，不少人比较陌生，但你发送到 10086 的短信，马上做出回应的就是小 i，而作为后台自动应答服务，小 i 占据中国市场 90% 的份额。

小 I 机器 2001 年成立，2003 年起致力于智能的开发和应用，是中国发明专利 ZL200410053749.9（一种聊天机器人系统）的权利人。据小 i 机器人公司介绍，该专利是全球领先的人机交互智能机器人产品，拥有完全自主知识产权，能够以自然语言完成人机交互。小 i 的上述专利 2004 年申请，2009 年授权。

苹果公司提供的数据显示，Siri 成立于 2007 年，2010 年被苹果以 2 亿美元收购。2011 年 12 月 6 日，苹果公司首次在其发布的 iPhone4S 手机上推出 Siri，即智能个人助理服务，其后又在 iPhone5、iPad3、iPad4、iPad mini、iTouch4 等产品中陆续搭载 Siri。

鉴定专家通过文本分析、产品测试、分析比较等方法鉴定认为，苹果公司搭载 Siri

的产品与其对应专利与小 i 机器人专利无实质差别，落入小 i 机器人中国专利的保护范围。

2012 年 6 月，小 i 机器人起诉苹果公司 Siri 产品侵权，遭苹果反击；2012 年 11 月，苹果向国家知识产权局专利复审委员会提出申请，请求宣告小 i 机器人专利权无效，复审委员会最终认定苹果无效请求理由均不成立，小 i 专利合法有效。

随后，苹果公司将国家知识产权局诉至北京市第一中级人民法院，要求其撤销小 i 机器人专利的决定，在经历了两轮败诉后，苹果公司在北京市高院获胜。

记者注意到，改判理由是小 i 机器人专利"写得不够好"，即专利文件的撰写问题。

"未来，智能人机交互技术将被广泛应用，甚至可能成为一种标配。如果小 i 专利被判无效，我们国家本来领先的技术，将要落后一代。"国内智能机器人领域的知名学者、华东师范大学计算机应用研究所贺梁教授表示。

（资料来源：http://news.ifeng.com/a/20150507/43705584_0.5html）

1. 互不相识的两个人先后在相同场地、相同场景、相同角度各拍了一张风景照，（　　）

    A. 两张照片拍摄者都享有著作权

    B. 拍第二张照片的人侵犯了第一张照片拍摄者的著作权

    C. 谁先发表谁享有著作权

    D. 第二张照片是第一张的改编作品

2. 某学生发明了一种多功能笔，他应该在什么时候申请专利？（　　）

    A. 家长或教师同意后　　　　B. 样品试制成功后

    C. 发明技术方案完成后　　　D. 笔实现量产后

3. 某同学发明了一种新型墨水的制造方法，他应该去申请（　　）。

    A. 发明专利　　　　　　　　B. 实用新型专利

    C. 外观设计专利　　　　　　D. 不足以申请专利

4. 专利权人不享有下列哪个权利？（　　）

    A. 独占实施权　　　　　　　B. 放弃专利权的权利

    C. 转让权和许可使用权　　　D. 决定是否公开发明的权利

5. 侵犯专利权需（　　）。

    A. 负民事责任　　　　　　　B. 负刑事责任

    C. 依情况而定　　　　　　　D. 赔偿即可，不需负法律责任

6. 下述哪些未经专利权人许可的行为不属于假冒他人专利的行为？（　　）

    A. 在制造的产品上标注专利权人的专利号

B．在销售产品的包装上标注该专利权人的专利号

C．使用第三人提供并且未经许可标注了该专利权人的专利号的零部件制造产品

D．销售第三人制造并且未经许可标注了该专利权人的专利号的产品

7．专利权从（　　）开始生效。

A．专利申请日

B．专利申请费交纳之日

C．国务院公布之日

D．交纳年费之日

8．世界知识产权日是哪一天？（　　）

A．4 月 1 日　　　　　　　　　　B．4 月 26 日

C．5 月 8 日　　　　　　　　　　D．5 月 17 日

9．如果你想为你的发明或设计申请专利，你认为应向下列哪一机构申请？（　　）

A．省专利管理机关　　　　　　　B．市专利管理机关

C．国家知识产权局专利局　　　　D．工商局

10．凡是获得专利权的发明，国务院专利行政部门向申请人颁发（　　）。

A．发明证书　　　　　　　　　　B．专利证书

C．独占实施证书　　　　　　　　D．科技成果证书

拓展阅读

世界知识产权日

1999 年，中国和阿尔及利亚共同提出关于建立"世界知识产权日"（The World Intellectual Property Day）的提案。"世界知识产权日"由世界知识产权组织于 2001 年 4 月 26 日设立，并决定从 2001 年起将每年的 4 月 26 日定为"世界知识产权日"，目的是在世界范围内树立尊重知识、崇尚科学和保护知识产权的意识，营造鼓励知识创新和保护知识产权的法律环境。

历年世界知识产权日的主题如下：

2001 年　今天创造未来

2002 年　鼓励创新

2003 年　知识产权与我们息息相关

2004 年　尊重知识产权，维护市场秩序

2005 年　思考、想象、创造

2006 年　知识产权——始于构思

2007 年　鼓励创造

2008 年　赞美创新，加强人们对知识产权的尊重
2009 年　绿色创新
2010 年　创新——将世界联系在一起
2011 年　设计未来
2012 年　天才创新家
2013 年　创造力：下一代
2014 年　电影——全球挚爱
2015 年　因乐而动，为乐维权
2016 年　数字创意重塑文化

第四章

小发明案例精选

案例一：香烟烟雾净化器

发明者：吴建武

辅导教师：张朝晖

获奖等级：2012 年浙江省中等职业学校学生创新创业大赛小发明类二等奖

在房间内吸烟产生的烟雾会对周围的人产生危害，使他人被迫吸二手烟并形成很难闻的味道。如何解决这个问题呢？

我是从吸烟人吸烟时的习惯和厨房内的抽油烟机上找到的灵感。吸烟的人在房间内吸烟，房间内不可能有抽油烟机，于是我就开始在台灯上做文章，开始实验。

我在网上找到了烟雾传感器，并用它来做感应开关，实现自动吸烟排气。又将电脑主机上的风扇作为风源。起初我用台灯灯管做风道，但灯管太短，效果很差。后来我将铁丝绕在洗衣机的排水管上，制成了可以灵活转动的风道。风源和风道之间的连接要完全密封才能有效果，这里我将摩托车的内胎配合热缩管，产生了良好密封的效果。最后，为了能让送出的空气更干净，我在空气出口处加了活性炭以过滤空气中的杂质。

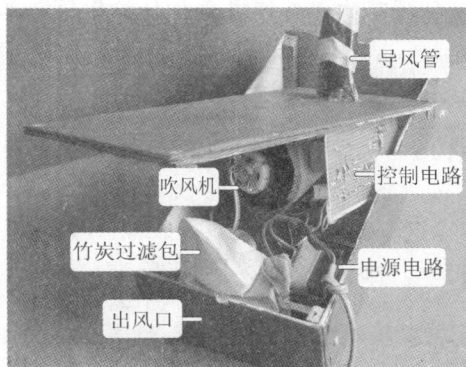

接通电源，烟雾传感器灯亮，进入待机状态

感应到有香烟烟雾后，吹风机自动启动工作，将烟雾通过导气管导入机内，经活性炭包过滤空气中的杂质，从出风口送出干净空气

香烟烟雾净化器结构图

案例二：脚控鼠标

发明者：余衍魏

辅导教师：张朝晖

获奖等级：2010年浙江省中等职业学校学生创新创业大赛小发明类二等奖

该项目能帮助人用脚方便地使用鼠标，解放双手，提高工作效率，或是给双手不便的残疾人使用。

我在电视上看到一些残疾人士在操作电脑时不便使用鼠标，但是他们的双脚很灵活，于是想是不是可以用脚来控制鼠标操作电脑呢？

在了解了光电鼠标的工作原理后，我将一个外壳坏了的鼠标的左右按键拆除，将导线焊接上。接着购买了两个按钮开关，改装后将它固定在一块踏板上，再将鼠标也固定在踏板上。在踏板上安上四个全方位滚动的轮子，带动鼠标左右移动。但是，由于鞋底与踏板的摩擦力太小，用脚带动踏板运动很吃力。于是我想到在按键的上方放上一双拖鞋，并固定住鞋脚底部分。这样按左右键或移动鼠标时不会吃力。当要左右单击鼠标时，只需用脚触动开关，就能像手一样轻松控制鼠标了！

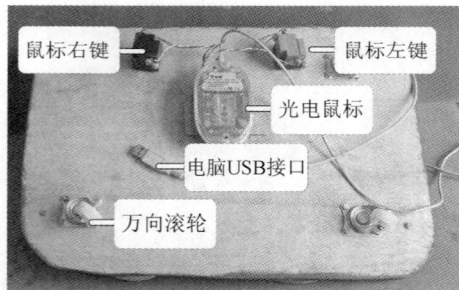

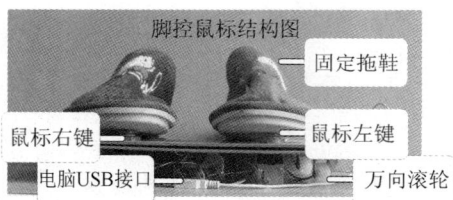

案例三：便携式简易衣架

设计者：陈贵斌（遂昌职业中专教师）

获奖等级：2012年浙江省中等职业学校教师创新大赛三等奖

1. 设计理念

现在很多旅馆，都是铝合金窗户，外面基本没有晾衣架，给出差人员带来很多不便，本作品的设计理念就是从解决这个问题着手的。便携式简易衣架体积不大，主体部分可以用塑料制成，也比较轻便，不会占用行李箱很大空间。

2. 作品实用展示

便携式简易衣架，实物展示

3. 设计说明

便携式晾衣架结构简单，主要由主体挂钩，紧固螺钉，晾衣杆，活动滑块（活动滑块一面有层网格的橡胶层，起增大摩擦作用）四大部分组成。其安装过程也非常简易，首先将活动滑块在主体挂钩上定位，然后通过紧固螺钉带动滑块，在窗梁上夹紧，最后是将晾衣杆伸进主体挂钩最下面开的槽。

案例四：颗粒燃料茶叶杀青加热装置

设计者：王辉、朱君妃、朱丹红、罗高俊、黄舒敏（遂昌职业中专教师）

获奖等级：2016年浙江省中等职业学校教师创新大赛一等奖　获得国家专利

本作品的目的是为了克服目前茶叶杀青机的加热装置存在在没有沼气池的地方不

能进行茶叶杀青加热的不足,以提供一种在没有沼气池的地方能进行茶叶杀青加热的颗粒燃料茶叶杀青加热装置。

这种颗粒燃料茶叶杀青加热装置,包括设有料斗的机架、与机架连接且进口与料斗的出口相对的螺旋输送机、送风装置、设于螺旋输送机出口端的燃烧装置。燃烧装置包括:与螺旋输送机连接的后板,与后板连接的点火器,后端与后板下端连接的底座,与底座上端连接的围框(围框的高度低于后板的高度)后板处有与螺旋输送机出口相对的出料孔。该颗粒燃料茶叶杀青加热装置在没有沼气池的地方能进行茶叶杀青加热;螺旋输送机能均匀地将颗粒燃料从料斗输送到燃烧装置。

颗粒燃料茶叶杀青加热装置实物图1

颗粒燃料茶叶杀青加
热装置实物图2

　　螺旋输送机包括：设有螺旋推杆的本体，与本体后端连接的电机，与电机的输出轴连接的主动齿轮，与螺旋推杆的后端连接的从动齿轮，与本体后端枢接并分别与主动齿轮和从动齿轮啮合的过渡齿轮。螺旋输送机结构简单，电机通过主动齿轮、过渡齿轮和从动齿轮带动螺旋推杆转动，使螺旋推杆转动平稳且转速均匀。

颗粒燃料茶叶杀青加热装置实物图3

　　送风装置包括：套设在本体外且前端与后板后端连接的壳体，与壳体连接的风机，壳体与本体之间构成风道，壳体设有与风机的出口连通的进风孔，后板设有与风道连通的出风孔组。送风装置利于颗粒燃料充分燃烧；壳体与本体之间构成风道，使送风装置结构紧凑；出风孔组使出风均匀平稳。

　　燃烧装置包括：后端与后板上端连接的上挡风板，两个后端分别与后板前端连接的侧挡风板；侧挡风板的下端与围框上端的后部连接。上挡风板和侧挡风板利于颗粒燃料平稳燃烧。

　　燃烧装置还包括：挡灰板，前端与挡灰板下端连接的底板，底板设有容置孔组。使用时，底板置于底座上。挡灰板挡住灰不飞扬，使颗粒燃料燃烧后的灰落入容置孔组中。

　　机架设有若干个脚轮，利于移动。

1. 研制背景及意义

　　中国专利申请号 CN201010291673.9 的发明公开了一种沼气茶叶杀青机，包括机架、安装于机架上的卧式茶叶杀青滚筒、带动茶叶杀青滚筒滚动的驱动装置以及用于加热茶叶杀青滚筒的加热装置。加热装置包括设于茶叶杀青滚筒下方的炉灶以及沼气燃烧装置，该沼气燃烧装置包括连接沼气池且带有阀门的沼气输送管路、连接输送管路输出端的多根耐高温沼气喷气管，沼气喷气管穿过炉灶侧壁伸入炉灶的灶膛内，所有沼气喷气管的喷气口沿灶膛长度方向等间距布置。该沼气茶叶杀青机的加热装置以沼气为燃料，存在在没有沼气池的地方不能进行茶叶杀青加热的不足；因此，设计一种在没有沼气池的地方能进行茶叶杀青加热的颗粒燃料茶叶杀青加热装置，成为亟待解决的问题。

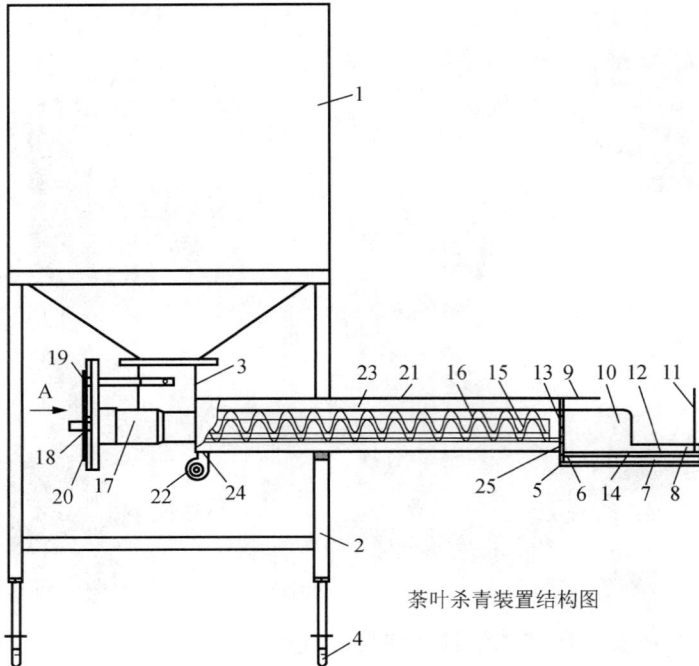

茶叶杀青装置结构图

2. 设计方案

下面结合实物图所示对本实用新型茶叶杀青加热装置进行进一步描述。

如图所示：一种颗粒燃料茶叶杀青加热装置，包括设有料斗 1 的机架 2，与机架 2 连接且进口与料斗 1 的出口相对的螺旋输送机 3，送风装置，设于螺旋输送机 3 出口端的燃烧装置。所述的机架 2 设有四个脚轮 4。

所述的燃烧装置包括：与螺旋输送机 3 连接的后板 5，与后板 5 螺纹连接的点火器 6，后端与后板 5 下端螺钉连接的底座 7，与底座 7 上端螺钉连接的围框 8，后端与后板 5 上端螺钉连接的上挡风板 9，两个后端分别与后板 5 前端螺钉连接的侧挡风板 10，挡灰板 11，前端与挡灰板 11 下端一体构成连接的底板 12；后板 5 设有与螺旋输送机 3 出口相对的出料孔 13；围框 8 的高度低于后板 5 的高度；侧挡风板 10 的下端与围框 8 上端的后部一体构成连接；底板 12 设有容置孔组 14；使用时，底板 12 置于底座 7 上。

所述的螺旋输送机 3 包括：设有螺旋推杆 15 的本体 16，与本体 16 后端螺钉连接的电机 17，与电机 17 的输出轴键连接的主动齿轮 18，与螺旋推杆 15 的后端键连接的从动齿轮 19，与本体 16 后端通过轴承枢接并分别与主动齿轮 18 和从动齿轮 19 啮合的过渡齿轮 20。本案例中，后板 5 与本体 16 的前端螺钉连接。

所述的送风装置包括：套设在本体 16 外且前端与后板 5 后端螺钉连接的壳体 21，与壳体 21 螺钉连接的风机 22；壳体 21 与本体 16 之间构成风道 23；壳体 21 设有与风机 22 的出口连通的进风孔 24；后板 5 设有与风道 23 连通的出风孔组 25。

使用颗粒燃料茶叶杀青加热装置时，加热装置置于滚筒式茶叶杀青机下；从料斗 1 加入的颗粒燃料经螺旋输送机 3 输送到燃烧装置燃烧，对滚筒式茶叶杀青机进行加热杀青。

实物图

3. 创新点

与现有技术相比，本实用新型茶叶杀青加热装置的有益效果如下：

① 在没有沼气池的地方能进行茶叶杀青加热。

② 螺旋输送机结构简单，电机通过主动齿轮、过渡齿轮和从动齿轮带动螺旋推杆转动，使螺旋推杆转动平稳且转速均匀。

③ 送风装置利于颗粒燃料充分燃烧。

④ 壳体与本体之间构成风道，使送风装置结构紧凑，出风孔组使出风均匀平稳，上挡风板和侧挡风板利于颗粒燃料平稳燃烧。

⑤ 挡灰板挡住灰不飞扬，使颗粒燃料燃烧后的灰落入容置孔组中。

4. 推广价值

① 制作成本较低。

② 结构简单，实用性强，且便于操作。

③ 通过颗粒燃料茶叶杀青加热装置，能提升产品的品质。

④ 使用放心,具有专利号。

案例五:电力拖动控制功能演示教具

设计者:张朝晖(遂昌职业中专教师)

获奖等级:2016 年浙江省中等职业学校教师创新大赛三等奖

1. 创新设想

在《电力拖动》教学实践中,我们发现要提高教学质量,必须增加实物的演示。制作电力拖动控制模拟教具的目的就是要加强这一环节,使得学生从形象、直观的现象中掌握抽象的概念。

本装置基于单片机系统,可实现一机多能的要求。一台装置可实现《电力拖动线路与维修》课程的电动机基本控制的各种电路(各种类型的直接启动,降压启动、正反转、调速、制动等)。针对演示将电机转速进行了调整,演示直观、高效。

2. 设计说明

(1)原理说明。

如下电路流程图所示,单片机接收功能选择按钮的信号,选择单片机内相应的程序。按下启动等功能按钮后,单片机将步进电机控制信号传送到驱动电路,驱动电路放大后,驱动步进电机做出相应的动作,完成演示功能。

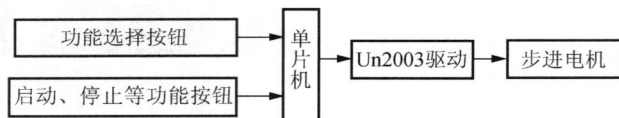

电力拖动控制演示教具电路流程图

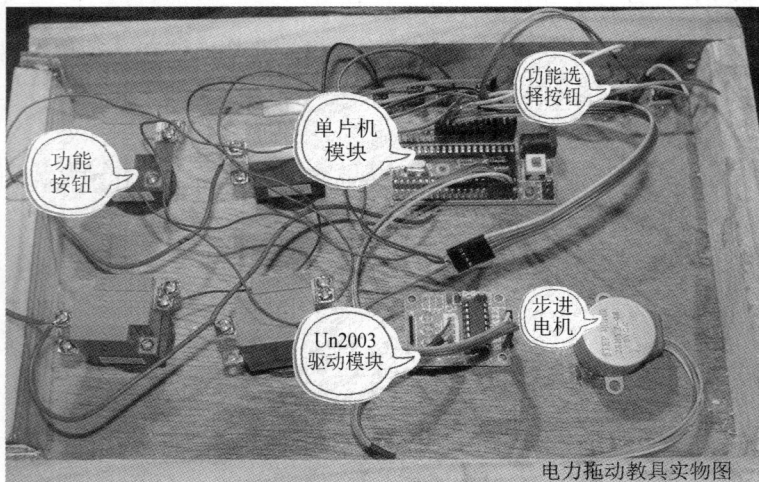

电力拖动教具实物图

（2）使用说明。

接通电源后，按下相应的功能选择按钮。如有误选，同时按下了两个按钮，蜂鸣器会发声报警。设备使用说明见表 4.1。

表 4.1　电力拖动控制演示教具使用说明

电力拖动控制功能演示教具按钮功能表					
按钮序号	基本控制线路名称	按钮 SB1 功能	按钮 SB2 功能	按钮 SB3 功能	按钮 SB4 功能
按钮 1	电动机点动控制线路	点动			
按钮 2	电动机连续正转控制线路	正转启动	停止		
按钮 3	接触器连锁电动机正反转控制线路	正转启动	反转启动	停止	
按钮 4	按钮连锁电动机正反转控制线路	正转启动	反转启动	停止	
按钮 5	电动机降压启动控制线路	降压启动	全压运行	停止	
按钮 6	时间继电器控制电动机降压启动控制线路	正转启动	停止	时间加	时间减
按钮 7	双速电动机控制线路	低速启动	高速启动	停止	
按钮 8	三速电动机控制线路	低速启动	中速启动	高速启动	停止
按钮 9	电动机制动控制线路	正转启动	停止		

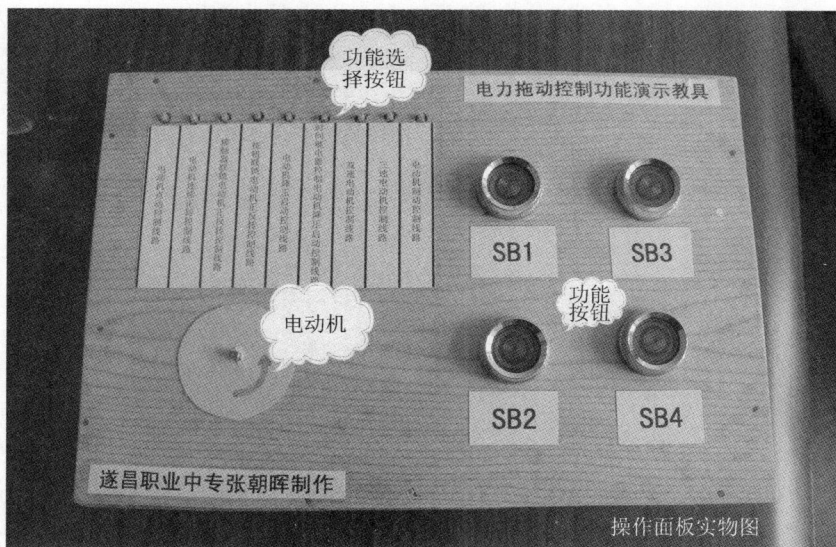

操作面板实物图

下篇 创 业

虽然社会上不少人对中职生创业不以为然，或许现在的你也认为自己不适合创业，但是，看看我们身边那许多鲜活的创业成功案例，就应该明白只要自己有理想，肯付出，中职生同样能创业成功。

试想：给别人打工，做得再好，地位、薪酬、时间等仍然得受别人支配。而创业，失败与成功都由自己负责，把别人支配自己变成自我支配或者支配别人，再不济在他人的眼中也是一位老板。在创业过程中，我们可以体会受挫折时的烦恼也能品尝成功时的欢乐，我们的阅历和经验会越来越丰富，能力会越来越高，知识会越来越渊博，意志会越来越坚强，最终我们的人生都会得到升华。

第五章

创 业 意 识

⟶

　　中职学生正处在一个追梦的好时光，在创业的道路上，无论成功与否，只要心中充满激情，只要保留梦想的火种，就可以随时点燃希望。

　　一个人能否成功，往往取决于下列因素：强烈的欲望、良好的心态、健康的身体、不懈的坚持、明确的目标、不断地学习……你拥有这些吗？

　　梦想就像一粒种子，种在"心"的土壤里，尽管它很小，却可以生根开花并结果。有了梦想，就有了追求和奋斗的目标；有了梦想，就有了动力。

　　马云说：梦想还是要有的，万一实现了呢？

第一节　创 业 梦 想

◯ 故事启示

马云自述：去澳洲改变了一生看法

　　马云是在 12 岁时开始对英语产生兴趣的，他每天早上骑 40 分钟自行车到杭州西湖区附近一家酒店找外国游客学英语，8 年间风雨无阻。当时中国刚刚改革开放，很多外国游客来到杭州游玩。他免费为外国游客当向导以练习口语。这 8 年对他的人生起到重要作用，他开始变得比大多数中国人都要国际化，因为与老外的接触使他懂得了老师与书本无法传授的知识。

　　1979 年发生了另一件从根本上改变了马云的事情，当时他遇到了来自澳大利亚的带着两个孩子的一家人。他们度过了愉快的 3 天，并一起玩了飞盘游戏，之后马云和这家人成了笔友。1985 年这家人邀请马云到澳大利亚度暑假，在澳大利亚的 31 天假期改变了他的人生。在离开中国前他受到的教育是：中国是世界上最富饶的国家，这里的人们是世界上最幸福的人。但当他到了澳大利亚以后发现，哦！我的天哪！所有的一切与他所知的完全不同。从此，他开始以不同的思维方式思考问题。

当他毕业时，有幸成为 500 名毕业生中唯一被分配到大学任教的学生。他的工资是 100～120 元 RMB/月，相当于 12～15 美元/月。他一直有个想法，就是 5 年的合同期满后进入一家企业，无论是酒店还是其他企业。1992 年中国的经济环境出现了变化，于是他去应聘了很多工作，但都失败了。

他的梦想是建立自己的电子商务公司。1999 年他召集了属下的 18 个人，并花了 2 个小时和他们谈自己的看法。所有人都将钱拿了出来，一共是 6 万美元。于是他们开始创立阿里巴巴。他想打造一家全球性的公司，于是名称也取了个洋名。阿里巴巴很容易拼写，而且每个人都知道"芝麻开门"的故事，这是《一千零一夜》里的阿里巴巴开启宝库的口令。

他们独立制定了自己的业务模式，关注点放在中小企业上，并不像很多其他中国企业一样复制美国的模式。他们关注产品质量，这就是"点击就能获得"的服务。

因为扩张太猛，在网络泡沫时期阿里巴巴不得不进行裁员。2002 年他们剩下只够维持 18 个月的资金，网站的很多用户都是免费用户，他们不知道如何能赚到钱。因此他们开发了一种帮助中国出口商与美国公司做生意的产品，这个模式拯救了公司。到 2002 年底，他们赚得了 1 美元利润，之后每年的利润都在提高，现在阿里巴巴非常赚钱。

从这些黑暗的日子学到的教训是，团队必须要有价值、创新能力和远见。此外，你不能放弃，在力量小的时候必须依靠智慧而不是蛮力。

想一想：

1. 马云的成功，说明梦想起到了什么作用？
2. 你认为马云为什么能成功？

知识储备

一、强烈的欲望

"欲"实际上就是一种生活目标，一种人生理想。创业者的欲望与普通人的欲望不同之处在于，他们的欲望往往超出他们的现实，往往需要打破他们现在的立足点，打破眼前的樊笼，才能够实现。所以，创业的欲望往往伴随着行动力和牺牲精神。

案例：无臂也想飞

杨佩，女，汉族，1990 年生，陕西省平利县人。

9 岁那年，一天吃过午饭上学去的她走到变压器前时，习惯地用手拉了拉斜拉线，但她没有想到这次斜拉线已经松开并碰上了高压线。命运在一瞬间改变了她的生活轨迹。截肢对于还没开启自己绚丽人生的她来说，意味着学业的废弃和生活的无着。

　　从那以后，家里更困难了，父母只好另作安排：父亲带着弟弟留在家里，而母亲带着她选择了外出打工挣钱。没了手，连自己的生活都很难自理，更不用说打工赚钱了。小杨佩自己慢慢练习以脚代手，终于练就了一双灵活的双脚。但现实又实在是太残酷，没有一家单位肯接纳无手的杨佩，无奈之下，她选择了乞讨的生活。

　　杨佩很清楚残疾人要自立，必须先要自强、自信。自强就得有自己的一技之长，如果没有专长，就不能找到工作，即使有了工作，迟早也会被淘汰。后来她根据自身的条件，学会了用脚绣十字绣。

　　杨佩的故事通过《中国梦想秀》这个电视节目被无数中国观众熟悉，也感动了无数热爱生活的人们。在众人的帮助下，她成功地开出了自己的十字绣店。

二、明确的目标

　　我们要明白目标对人的一生有多么重要。在 20 世纪 70 年代，美国哈佛大学曾经进行了一项调查，调查的主题是目标对人生的影响，调查时间跨度为 25 年，是一项长期的跟踪调查。

　　首先，哈佛大学调查组选择了一群智力、年龄、学历、环境等客观条件都差不多的年轻人，开始进行长达 25 年的关于人生目标的跟踪调查。调查结果显示：3%的人有清晰而长远的目标；10%的人有清晰但比较短期的目标；60%的人目标模糊；27%的人根本没有目标。

　　25 年后，哈佛大学再次对这群学生进行了跟踪调查。结果发现：3%目标清晰而长远的人，25 年间他们始终朝着一个方向不懈努力，大多成为社会各界的成功人士，其中不乏行业领袖、社会精英；10%目标清晰但不长远的人，他们的短期目标不断地实现，大都成为各个领域中的专业人士，生活在社会的中上层；60%的人因为目标模糊，尽管他们现在安稳地生活与工作，但都没有什么特别成绩，大多生活在社会的中下层，事业平平；剩下 27%的人，他们的生活没有目标，过得很不如意，并且常常在抱怨他人，抱怨社会，抱怨这个不肯给他们机会的世界。

　　其实，他们之间的差别在 25 年前就已经显现了，他们中的一些人知道自己要做什么，将来朝什么方向发展，他们明确知道自己的人生目标是什么；而另一些人则不清楚，或从来没有思考过。不考虑社会背景，以及个人的努力和坚持，我们可以认为人与人之间的最大差别就在于是否有清晰而长远的目标，这将关系到其努力和坚持能否有最终的成就。

　　这个调查很清楚地表明，有没有目标对人未来的道路影响很大，有目标的人终究能成就一番事业，而没有目标的人可能一辈子平平淡淡，甚至怨天尤人，碌碌无为。由此可见，树立清晰且明确的人生目标非常重要。

　　你的目标是什么？赶快给自己定一个目标吧。

案例：愿望不能代替目标

一个优秀的职业人，必须先有正确的从业动机，这个动机不是求生存，而是要有强烈的"企图心"，至少对赚钱有相当的欲望，并有决心去挑战自己，愿意为自己的理想付出努力。

但是，理想很丰满，现实很骨感，绝大多数人的愿望最终都没能实现。

例如，"我想赚钱，赚很多钱，越多越好，然后买一套别墅。"但是过了十年，住的还是小房子，而且每个月还要还贷款。

又如，"我要好好学习，让自己成为一个知识渊博的人。"买了一大堆书，结果每次拿起来就睡着了，十年也没看完。

愿望不能成真，是因为很多人搞不清愿望和目标的区别，更搞不清目标和愿望的关系。

"赚很多钱"，这是愿望，愿望是不清晰的；"我要赚 100 万"，有点清晰，但没有完成的时间，所以先做两年准备工作也不要紧；"我打算五年内赚 100 万"，这才算有了初步的目标。

这里我们看到两个要素，一是具体化，二是有时间要求。因为愿望是不清晰的，所以做多做少无所谓，什么时候做都可以，就造成了拖延，这是愿望不能实现的主要原因。

目标的定义：目标是一项活动期望达到的最终结果。对结果的描述必须是明确的、有时间限制的，以及是在活动开始之初就设定好的。先有目标，再有行动。目标是行动的指南针。

追求成功的愿望必须先有，然后根据愿望设定目标，并根据目标规划行动，只要规划合理，每个步骤都落实，愿望就能实现。

（资料来源：http://blog.sina.com.cn/s/blog_6097f42f0101mafq.html）

三、不懈的坚持

成功的意义不在于你取得多大的成就，也不在于你有多么的伟大。因为，成功总会与努力过的人握手，只要享受了努力的过程，我们就不是失败者。我们虽不是天才，但我们可以做一只脚踏实地的蜗牛，一步一个脚印地向着心中的目标前进，只要坚持不懈，持之以恒，我们都能登上人生的珠峰。

案例：坚持不懈开花店

"您好，您预订的鲜花已经送达客户手中，您的朋友很高兴。"这是燕丽亚每次送完鲜花之后都要给顾客发的短信，内容很简单，但燕丽亚觉得，这是她以及她的花店对顾客的尊重。燕丽亚说，每给顾客送出一捧鲜花，就觉得自己同时给别人送去了一份祝福和快乐。如今，燕丽亚的花店已经不仅仅是她维持生活的经济来源，更被她看作是给人带来快乐的源头。

2012 年燕丽亚从某商城下岗了，将来自己能干点什么工作成了她当时面临的主要问题。

迷茫了一阵子之后，她仔细分析了自己的优势和劣势：年轻，做过销售和服务，资金不多，管理经验不足。认识到这些，燕丽亚并没有急于操作项目，而是针对自己的不足充了充电，她参加了区就业局组织的创业培训班，学习经营管理理论。与此同时，燕丽亚一边参加培训，一边慎重地寻找适合自己的创业项目。经过一系列比较，燕丽亚最终将目光锁定在开花店上。

然而，5 年前石家庄花市并不像现在这样活跃，大家去医院看望病人，不像现在这样买上一捧鲜花，一般都是买一袋子水果或者牛奶什么的，讲究实惠。燕丽亚说，那时候整个石家庄市花店数量都十分有限，在很多朋友看来，开花店这事有点悬。然而燕丽亚却没有理会这些"不利因素"，毅然开起了她的鲜花店。燕丽亚告诉记者，之所以选择开花店，一是因为自己原本就喜欢插花弄草，再就是她认准了开花店有巨大的市场潜力，随着市民生活水平的提高，鲜花会逐渐被广大消费者接受。而且在当时竞争不激烈的情况下，提前介入还能占据市场先机。

当然，按照燕丽亚的说法，这种不计眼前得失的提前介入还是"交了不少学费的"。开业之后的很长一段时间，经营一直很惨淡，"有时候店里甚至一天都没人进来。"燕丽亚说，刚开始经营没有经验，自己对于插花这类专业知识了解有限。于是趁着店里空闲时间多，她和丈夫经常到人家的花店里"偷学"技术。有时候站在旁边看别人插花，一看就是半天，回来之后两个人就先拿家里的干花开练。没过多久，燕丽亚和丈夫参加市里组织的下岗失业人员职业技能比赛，还获得了插花项目的三等奖，技术关总算是过了。开店只有技术还不行，销售业绩上不去，很多时令鲜花都烂在了冰柜里。如此持续了近两年，周围几家先后开起来的花店早已频繁易主，而最终销声匿迹，只有燕丽亚依然在坚持。用她自己的话来说，那段日子可是"硬扛"过来的。终于，燕丽亚接到了一个单位会场布置的业务。

（资料来源：http://www.28.com/sp/zt/n-491831.html）

实战训练

人生的苦恼之一，是机会太多，选择太多，如果没有一个"起点"势必随波逐流，很可能终其一生一事无成。但要找到自己的人生起点，也不是一件容易的事。特别是对于一个想创业的人来说，你更需要弄清楚下面的问题。

1. 你喜欢做什么？一个人如果总是在做他喜欢做的事情，心情想必是非常愉快的。

2. 你能够做什么？一个人喜欢做力所不能及的事情往往会被人看作好高骛远，进而会很快让人失去信心。

3．你做什么能赚到钱？一个人有了一份自己喜欢并且能够做好的事情并不一定就幸福，因为有一句话说得好：钱不是万能的，但没有钱是万万不能的。因为缺钱会使他无法实现人生的其他追求，继而他也会失去长久的工作动力。

拓展阅读

追 随 梦 想

（杰克·坎菲尔）

我有个朋友叫蒙提·罗伯兹，他在圣思多罗有座牧马场。我常借用他宽敞的住宅举办募款活动，以便为帮助青少年的计划筹备基金。

上次活动时，他在致辞中提到：我让杰克借用住宅是有原因的。这故事跟一个小男孩有关，他的父亲是位马术师，他从小就必须跟着父亲东奔西跑，一个马厩接着一个马厩，一个农场接着一个农场地去训练马匹。由于经常四处奔波，男孩的求学过程并不顺利。初中时，有次老师叫全班同学写报告，题目是长大后的志愿。

那晚他洋洋洒洒写了 7 张纸，描述他的伟大志愿，那就是想拥有一座属于自己的牧马农场，并且仔细画了一张 200 英亩（约为 80 万平方米）农场的设计图，上面标有马厩、跑道等的位置，然后在这一大片农场中央，还要建造一栋占地 4000 平方英尺（约为 371 平方米）的豪宅。

他花了好大心血把报告完成，第二天交给了老师。两天后他拿回了报告，第一页上打了一个又红又大的 F，旁边还写了一行字：下课后来见我。

脑中充满幻想的他下课后带着报告去找老师："为什么给我不及格？"

老师回答道："你年纪轻轻，不要老做白日梦。你没钱，没家庭背景，什么都没有。盖座农场可是个花钱的大工程；你要花钱买地、花钱买纯种马匹、花钱照顾它们。你别太好高骛远了。"老师接着又说："如果你肯重写一个比较不离谱的志愿，我会重打你的分数。"

这男孩回家后反复思量了好几次，然后征询父亲的意见。父亲只是告诉他："儿子，这是非常重要的决定，你必须自己拿定主意。"

"再三考虑好几天后，他决定原稿交回，一个字都不改。"他告诉老师："即使拿个大红字，我也不愿放弃梦想。"

蒙提此时向众人表示："我提起这故事，是因为各位现在就坐在 200 英亩农场内，占地 4000 平方英尺的豪华住宅。那份初中时写的报告我至今还留着。"他顿了一下又说："有意思的是，两年前的夏天，那位老师带了 30 个学生来我的农场露营一星期。离开之前，他对我说：'蒙提，说来有些惭愧。你读初中时，我曾泼过你冷水。这些年来，我也对不少学生说过相同的话。幸亏你有这个毅力坚持自己的梦想。'"

不论做什么事，相信你自己，别让别人的一句话将你击倒。

学 会 微 笑

我们通常认为微笑是喜事或喜悦的产物，可研究表明微笑本身也能够催化喜悦的心情。从提升情绪到增进感情，只要微笑就可能发生一切美妙的事情。更棒的是，微笑不要钱也不用教，随时随地就可以笑。现在就请扬起嘴角微笑吧！

微笑对情绪和身体都有好处，哪怕在你并不开心的时候，微笑也有助于提升情绪。与其等着周围发生点让你开心的事情，不如靠你自己笑出好心情。

笑能延年益寿。韦恩州立大学的一项研究从 1952 年赛季开始测算棒球运动员头部特写中的笑容，发现笑得最灿烂的那些平均活到了 79.9 岁，比美国人的平均寿命长了 2 年。那些拍照时根本不笑的平均活了 72.9 岁，比笑容灿烂的那些少活了 7 年。

微笑能给别人一天好心情。特蕾莎修女曾经说过："你每次对别人笑都是礼物，是美好的东西。"她是对的。惠普公司进行了一项研究，发现看见别人的微笑对心脏和大脑的刺激胜过吃巧克力或是收到钱。看到小孩的笑容的时候尤其是这样。

微笑能增进感情。爱笑的人的婚姻通常更长久，更成功。2009 年有一项类似研究发现照片中的笑容和离婚率有相关性。笑得越是灿烂，日后离婚的可能性就越小，爱笑的人更乐观，快乐，有着稳定的有利于健康的积极情绪。

微笑让别人对你印象更好。人们通常觉得爱笑的人比爱皱眉头的同事更可靠，真诚，善交际且有竞争力。事实证明女性笑起来的时候比化了妆更有魅力。

怀揣梦想 展翅高飞

翁妙峰，男，1998 年就读于浙江遂昌职业中等专业学校电子电气专业，2000 年 12 月通过学校推荐到上海长园电子材料有限公司上班。刚开始他主要从事操作员、机修等工作，2009 年开始担任设备主管和工程部副经理，现任工程部经理。他在生活上平易近人、关心同事；在工作上严格要求自己、吃苦在前、享受在后、敢于创新，积极发扬团队合作精神，竭力配合部门的各项工作，带领组员取得了一系列优异成绩，受到了公司领导的一致肯定。

（一）他工作努力，业绩突出

2007 年他更换了设备除水装置，减少公司年用电 30 万度。在职期间，他还提出设备管理将单纯的维修改为设备维护，做到预防为主，努力降低设备坏损率。在他的带领下，设备组的工作转变了模式，从等待维修变为主动检查与设备维护。

2008 年，由于维护到位，设备故障明显降低，故障停机时间减少了 57.3%，维护与保养总时间降低了 42.6%，公司设备使用率提高到 99.5%，创造了极大的价值。与此同时，设备组也做了许多设备改进工作，如：改进挤出吹气设置，从采用压缩空气改为高速风机，每天节约用电 250 度；改进过滤池结构，使循环水能够正常使用，每天节约用水 100 多吨；改进甘油回收装置，提高了甘油利用率，改善了环境；改进裁切机的防护装置防止员工误操作引起的工伤，该装置已取得实用新型专利；协助技术部门改进真空扩张装置，使扩张工序的质量明显提高，产能提高 50%以上。他积极参与公司的设备改进和创新，现有专利 13 项，另还有 5 项在申请。由于工作表现突出，他获得公司总经理颁发的特别奖。

新工厂建设，他负责公司厂房规划和设备布置、设备搬迁，共负责车间厂房规划 15000 平方米，共搬迁设备 110 多套，同时对新工厂的水电等配套设施做出了合理规划，使新工厂顺利地投入了使用。

2009 年公司新工厂投产后，产能提高了 100%，有效地降低订单大量增加的风险，同时实现了安全零事故的目标。他对工厂使用水进行了改造，从使用自来水改为循环水，每月节省 3000 吨水，为公司创造了极大的价值。一系列突出的工作表现，让他 2009 年再次获得了公司总经理特别奖。

2010 年公司增加 25%新设备，在翁妙峰的带领下工程部没有增员一人，却圆满地完成了设备的安装调试和维修工作，减少了公司的成本，保证了公司的生产顺利进行。

2015 年他带领部门员工积极解决设备高能耗问题，通过努力把单台设备万米能耗从 479 度下降到 249 度，比以往耗能下降了 48%。

2016 年他带头解决现有设备产能的瓶颈问题，目标是提高 50%的产能，现方案已正式在实施中。

自 2002 年以来翁妙峰先后被评为南翔镇优秀员工、南翔镇先进员工、嘉定区先进生产（工作）者、上海市农民工先进个人等荣誉称号。

（二）他热爱生活，社会责任感强

在做好自身工作外，他不忘自己作为一个社会人所肩负的社会责任感。每当公司有员工因为各种原因出现困难需要组织募捐时，翁妙峰同志总是毫不犹豫伸出慷慨之手。在公司每年举行的无偿献血活动中，他每次都带头参加，自 2002 年以来，已献血 9 次，共献血 1800 毫升，曾获上海市无偿献血纪念奖、南翔镇无偿献血工作先进个人。

（三）他谦虚好学，助人为乐

从刚到公司对机修工作的不熟悉开始，在以后工作中，翁妙峰总是虚心地向同事请教，不会就学，不懂就问，努力克服困难，并将自身学到的经验与大家分享。在日常工作中，总会遇到有些问题不知道如何处理，尤其是涉及和其他部门合作事务时，翁妙峰总是先请教身边的同事怎么处理，然后再去找其他部门的同事进行协商处理，有些不常见的问题总会转好几个部门才能解决，他不厌其烦。由于他的谦虚好学和较强的接受能力，他在不断协调工作的过程中很快学到了处理问题的经验，以后遇到类似问题的时候总能迎刃而解，同事遇到什么不能解决的问题他总能乐于帮助。

学校让学子们学到了社会上所需要的专业知识和为人道理，引领他们走向了社会的大门，走出校门后通过自身的努力和敢做敢闯的精神立足于企业、立足于社会。然而学无止境，十六年来，翁妙峰不断提高自身专业知识和交往能力，积极参与配合公司的发展，努力融入社会，为公司和社会的发展尽了应有的责任和义务，成为公司不可或缺的一员。

第二节 创业品质

故事启示

俞敏洪自述——在北大的故事

在北大当学生的时候，我一直比较具备为同学服务的精神。我这个人成绩一直不怎么样，但我从小就热爱劳动，我希望通过勤奋的劳动来引起老师和同学的注意，所以我从小学一年级就一直打扫教室卫生。到了北大以后我养成了一个良好的习惯，每天打扫宿舍卫生，这一打扫就是4年。所以我们宿舍从来没排过卫生值日表。另外，我每天都拎着宿舍的水壶去给同学打水，把它当作一种体育锻炼。大家看我打水习惯了，最后还产生这样一种情况，有的时候我忘了打水，同学就说"俞敏洪怎么还不去打水"。但是我并不觉得打水是一件多么吃亏的事情。因为大家都是同学，互相帮助是理所当然的。同学们一定认为我这件事情白做了。

又过了10年，到了1995年年底的时候，新东方做到了一定规模，我希望找合作者，结果就跑到了美国和加拿大去寻找我的那些同学，他们在大学的时候都是我生命的榜样。我为了诱惑他们回来还带了一大把美元，每天在美国非常大方地花钱，想让他们知道在中国也能赚钱。我想大概这样就能让他们回来。后来他们回来了，但是给了我一个十分意外的理由。他们说："俞敏洪，我们回去是冲着你过去为我们打了4年水。"他们说："我们知道，你有这样的一种精神，所以你有饭吃肯定不会给我们粥喝，所以让我们一起回中国，共同干新东方吧。"就是这样，才有了新东方的今天。

人的一生是奋斗的一生，但是有的人一生过得很伟大，有的人一生过得很琐碎。如果我们有一个伟大的理想，有一颗善良的心，我们一定能把很多琐碎的日子堆砌起来，变成一个伟大的生命。但是如果你每天庸庸碌碌，没有理想，从此停止进步，那未来你一辈子的日子堆积起来将永远是一堆琐碎。所以，我希望所有的同学能把自己每天平凡的日子堆砌成伟大的人生。

想一想：通过俞敏洪的自述，你觉得俞敏洪具备哪些优秀品质？你能从中学到什么？

知识储备

一、肯吃苦、能坚持、会学习

上天对每个人都是公平的，你得到的和付出的是成正比的，所以不要抱怨自己失去了什么，付出总会获得回报的。

案例：上帝因为爱我，所以咬了我一口

崔万志，1976年出生，安徽肥东人，因小儿麻痹症，造成下肢行动不便。一个身有残疾的安徽青年，再次创业，是从一个月收入几百元的地摊小贩做起。而现在，他是淘宝金冠卖家，淘宝全球网商三十强。2011年，他当选安徽年度新闻人物。

1999年的夏天是崔万志一辈子最痛苦的一段时期，也是以后人生发展历程中一笔不可交换的财富。这年的7月，这个从小残疾的青年人从新疆石河子大学经济管理专业毕业。在一片懵懂与憧憬中，腿脚不利索的他回到家乡合肥并继续着持续了几个月的找工作生活。从7月到9月，为了找到一份足以谋生的工作，崔万志共投出了200多份简历。骨感的现实是，他被所有在人才市场的企业所拒绝的理由都只因为一条：残疾。

印象最深的一次招聘会经历里，某家企业招聘一名雇员，共有200多人现场排队等着参加首轮的现场面试，崔万志当时排在第一位，但是面试主管看到崔万志肢体不便时，当着招聘大厅里所有人的面，把他从人群里拉了出来。"走，一边去，别挡着别人！"红着脸走出人群的那瞬间，崔万志在心里默默许下誓言："总有一天我会来这个展位招人！"

誓言不是米饭，解决不了火烧眉毛的生计问题。在找了两个多月工作无果的情况下，崔万志开始了摆小摊的生活。从天之骄子的大学生，到四处躲避城管的小商贩，这种生活角色的巨大转变，让他一时难以接受。但是崔万志一边摆地摊，一边还注意着身边的商机。

苦心人，天不负。经过几个月的观察，崔万志发现在合肥商校附近成排的小商店中，缺少一种在当时非常流行的"租书店"。崔万志向亲戚筹借了一部分资金，再加上自己摆地摊3个月来的收入，全部投入到租书店的运营中。就这样，他的书店和他的人生都在摸索中前行。

2001年，当互联网以前卫潮流的姿态，进入合肥时，崔万志萌发了开网吧的想法，核算了一下成本后，崔万志离"网吧老板"相差"四万块钱"，不甘心浪费掉商机的他，做了人生中最为大胆的一个决定：借贷。他以比银行高出很多的利息，借得四万块现金。

这家只有10台电脑的网吧，跻身合肥市首批网吧的行列，而崔万志在老板的身份外，又多加了一个"网管"的头衔。身兼二职的他，没日没夜的待在网吧里，收钱、维护机器、解决顾客的各种问题。在来上网的人比较少的时候，他也会上上网借以打发无聊的时间。就在这种偶尔的上网间，他的注意力被网络上开始兴起的电子商务所吸引。

2007年5月，崔万志的网店"尔朴树"，在一栋居民楼里开始上线运营。第一年的网店运营，只证明一句话："理想是理想，现实是现实！"还顺带赔掉了前几年开书店、百货店、话吧甚至是网吧所赚的20万积蓄。

网店开业后，崔万志在近一年时间里关注的唯一一件事就是找货源。最严重的一次是在广州，崔万志在进货时，因为无良厂家生产的产品与之前提供的样品严重不符，2万块的进货款，变成了仓库里一堆无法销售出去的库存。痛定思痛之后，崔万志开始尝试一条前人从未走过的道路：依托网店的知名度，开创自己的品牌女性服装——蝶恋。

如今，崔万志的蝶恋品牌是淘宝上最受欢迎的女装品牌之一，品牌旗下多家淘宝店已经荣升"金冠"店铺，而他自己也因为在电子商务方面的突出成就而被淘宝网评为"全球网商30强"。

（资料来源：http://www.ah.cn/display.asp?id=969）

二、热情主动打招呼益处多

主动打招呼所传递的信息是："我眼里有你。"谁不喜欢自己被别人尊重和注意呢？如果你主动和单位的人打招呼持续一个月，你在单位的人气可能会迅速上升。见了领导主动打招呼，说明你心中敬重领导；见了同事主动打招呼，说明你眼里有同事；见了下属主动打招呼，说明你体恤下属。永远记住，你眼里有别人，别人才会心中有你。

主动打招呼不等于低三下四。每个人都希望别人看到自己的自信，那么从今天开始，让我们就养成主动跟别人打招呼的习惯吧。

主动打招呼是职位升迁的通道。主动向别人打招呼，不仅让别人心情畅快，更重要的是可以为你创造一个良好的工作环境。领导赏识、同事认可，在这样的环境里工作，你自然会有很好的发展。

主动打招呼创造美好环境。在发达国家，当别人为你提供服务和帮助时，你要给对方小费，但在中国，为了表示对周围为你提供服务的人的尊重，主动打招呼是中国式的小费。

主动打招呼要特别关注被冷落的人。对于那些被冷落的人，一声主动的轻声问候对他更是意义非凡，会给他留下深刻的印象。

主动打招呼可以提升个人魅力。在社交场合，一些普通的参与者经常被冷落在一旁，而人们只关注显赫的成功人士，此时，我们应当用主动的关心和问候去融化普通参与者内心的冰山。

实战训练

电影《敲》中Chris的成功依靠的是下列素质。

第一个素质是学习能力。过去，人们通常认为成功人士需要有高学历背景，但在知识经济时代，高学历已经是成功的既不充分也不必要的条件了。当今社会，唯一不变的东西就是"变"，因此快速学习与适应能力应当是放在第一位的。

第二个素质是沟通能力。有一个对成功人士的调查显示，只有20%的人认为自己的成功是得益于聪明的大脑与过人的天分，而有80%的人认为自己的成功得益于优秀的沟通能力。

第三个素质是勇气。这是大多数人都没有的。很多人都有自己的想法，但仅仅是限于想法而已，能够将其付诸实施的，却很少很少。

第四个素质是执着。这个不用多说了，整部影片都是在表现这一精神。正可谓作一个决策时需要的是勇气，而长时间地为自己的这个决策而执行，需要的就是执着的精神了。

请想一想下面两个问题。

1. 但凡成功人士，都有哪些优秀的素质？

2. 你有哪些值得自豪的素质？

案例：做最好的自己，才能碰见最好的别人

有一个年轻人去买碗，来到店里他顺手拿起一只碗，然后依次与其他碗轻轻碰击，碗与碗之间相碰时立即发出沉闷、浑浊的声响，他失望地摇摇头。然后去试下一只碗。他几乎挑遍了店里所有的碗，竟然没有一只满意的，就连老板捧出的自认为是店里碗中精品也被他摇着头失望地放回去了。

老板很是纳闷，问他老是拿手中的这只碗去碰别的碗是什么意思？他得意地告诉老板，这是一位长者告诉他的挑碗的诀窍，当一只碗与另一只碗轻轻碰撞时，发出清脆、悦耳声响的，一定是只好碗。老板恍然大悟，拿起一只碗递给他，笑着说："小伙子，你拿这只碗去试试，保管你能挑中自己心仪的碗。"他半信半疑地依言行事。奇怪！他手里拿着的每一只碗都在轻轻地碰撞下发出清脆的声响，他不明白这是怎么回事，惊问其详。老板笑着说："道理很简单，你刚才拿来试碗的那只碗本身就是一只次品，你用它试碗那声音必然浑浊，你想得到一只好碗，首先要保证自己拿的那只也是只好碗。"

就像一只碗与另一只碗的碰撞一样，一颗心与另一颗心的碰撞需要付出真诚才能发出清脆悦耳的响声。自己带着猜忌、怀疑甚至戒备之心与人相处，就难免得到别人的猜忌与怀疑。其实每个人都可能成为自己生命中的"贵人"，前提条件是你应该与人为善。你付出了真诚就会得到相应的信任，你献出爱心就会得到尊重。反之，你对别人虚伪、猜忌甚至嫉恨，别人给你的也只能是一堵厚厚的墙和一颗冷漠的心。

每个人的生命里都有一只碗，碗里盛着善良、信任、宽容、真诚，也盛着虚伪、狭隘、猜忌、自私。请别除碗里的杂质，然后微笑着迎接另一只碗的碰撞，并发出你们清脆、爽朗的笑声吧！

拓展阅读

从"笨学徒"到"浙江省首席技师"
——记遂昌职业中专 2001 届优秀毕业生范丽锋

范丽锋，男，毕业于遂昌县职业中等专业学校机电技术应用专业。现任职于浙江镇海石化建安工程有限公司，浙江省首席技师。

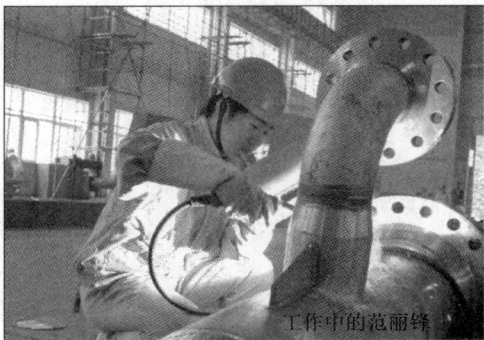
工作中的范丽锋

2000 年范丽锋从遂昌职业中专来到镇海石化顶岗实习，成为镇海石化建安公司的一名实习焊工。经过几年的勤学苦练，范丽锋的焊接技能突飞猛进，成为建安公司焊工队伍中的佼佼者。他先后取得各类焊接技术合格证 30 多个，是一般焊工的 2 倍。2005 年，范丽锋取得美国 ASME 压力容器焊接资格证，是公司仅有的三个持证人之一。在公司承接的 ASME 标准产品制造中，范丽锋独自承担了主要的焊接任务，实现了焊接拍片一次合格率 100%。2007 年，他被评为浙江省优秀外来务工青年；2013 年 8 月，荣获宁波市职工岗位技能大赛焊工技术比武第一名；2013 年 10 月，荣获浙江省职工岗位技能大比武焊工技术比赛冠军，并被聘为浙江省首席技师；2016 年 5 月，获全国五一劳动奖章。

（一）8 万元奖金

2013 年 11 月 9 日，丽水网上一条消息，引发遂昌职业中专校园的震荡，在 2013 年浙江省职工技能比武大赛中，毕业于遂昌职业中专的浙江镇海炼化建安公司的电焊工范丽锋，荣获焊工组冠军，当场"抱回"8 万元奖金，并被聘为浙江省首席技师。消息像地震一样，迅速激荡在校园的角角落落。"哇，8 万元，这么多！""范丽锋是谁？没听说过。""首席技师，真牛啊！"……

（二）曾经的"笨学徒"

1998 年，来自遂昌西部欠发达乡镇金竹的范丽锋来到遂昌职业中专就读，他选择了机电专业，希望通过学一门技术改变贫困的命运。他清楚地明白老家的经济状况，那是个曾经只靠鸡蛋换学费的小山村，举目四望，全村没有几亩水田，小村被大山环抱，山上最多的是石头，远处那闻名的巨石——"石母岩"经常给他以压迫感，何时能走出大山？

就读机电专业，他选择了焊工，他知道，这是个又苦又累的行业。当年学校的设备并不先进，仅有的几台电焊机，实操训练时要轮流使用。然而就是在这样的条件下，范丽锋努力地学习着专业，班主任是他的同乡，对他特别关照，实操经常给他"加餐"，他如饥似渴地学着。

2000年，他来到镇海石化建安公司成了一名临时工，做焊工学徒。农村出来，为人稳重，师傅一开始对这个小徒弟印象不错。

"当初很顺利地入行吗？"

"很不顺利。我那时人小，又没基础，悟性不好，笨笨的。"

"他呀，人有些木，资质中等，悟性不好，我跟他说过很多次，他不是干焊工的料。"范丽锋的师傅方平回忆，同样的基础焊接，别人教一次就会了，他不行，教了三次，还是懵懵懂懂的。

"人木，又瘦，力气小，焊枪都拿不稳，抖啊抖的，更是焊不好了。"方平后悔录取了这个小徒弟，也坦白说："你是这些人中最没天分的。"

"当时心里挺难受，回到宿舍，躲在被子里哭了很久，怕自己会丢了工作。"范丽锋说，虽然师傅会直接说自己没天分，但对自己很好。安排活的时候，考虑自己年纪小，一般就安排在室内的活，凉快些。当时，他就跟自己说，挨一天是一天。

（三）勤能补拙

范丽锋有自己的打算：别人学一遍，我学十遍，总能学会吧。

把两块钢板焊接在一起，是基础练习。师兄们基本一次都过了。他不行，一次次被退回来。

"明明已经焊牢了，怎么不行？"他去找师傅。

"表面凹凹凸凸，一检查，里面鼓进很多气泡。我们做的是石化压力容器，这样，压力一大，就爆炸了。"

范丽锋找来很多废旧的铁板，一遍遍练。刚入职的时候，是7月，天气热。他穿上厚厚的不透气帆布工作服，戴着面罩，一干就是几个小时。每天喝很多水，都不用去厕所，全变成汗了。

慢慢地，他发现，自己焊的钢板，接缝开始变得平整光滑了。

两年后，师傅也发现，这个笨笨的徒弟，赶得上大家的平均水平了，力气也大了。

"当时，苦挨的动力是什么？"

"我必须保住工作，母亲治病要钱，弟弟上学要钱。"范丽锋说。

"有时候，撑不下去，想想母亲生病舍不得花钱，想想弟弟总要吃梅干菜，就跟着魔一样力气又有了。"就这样，范丽锋一步步挨下去。他供弟弟上了高中，念了大学，现在做了老师。"我很高兴，弟弟长得比我壮。我出师后，他就不用吃梅干菜了。"

付出终有回报，十余年来，范丽锋收获了一个又一个荣誉。

（四）华丽的转身

今天范丽锋已然成了"技术金领"。

2011年，因考核连续三年优秀，范丽锋享受公司一等股权奖励，奖励18000股股权，成为公司第一批外聘工转为正式工，第一位享受公司股权激励的员工。

今天范丽锋已在宁波扎稳了脚跟。

一路走来，范丽锋靠的是坚持与学习。

"学理论。没上成大学，是我的遗憾。"范丽锋先是拿到了大专文凭，这两年来，每个周末，都去宁波大学上专业的本科班。他感慨："我理论基础差，多学学总是有好处的。现在，都朝着自动化方向发展。技术工人不跟上来，会被淘汰的。"

全省电焊比赛第一名的技术有多过硬，这很难具体形容。

公司有一个业务是做美国的产品，执行美国压力容器标准。100多个焊工，基本就范丽锋一个人能做。具体来说，焊接一个20米高直径5米的压力容器罐，外观焊缝误差控制在0.5毫米以内。最关键的是，必须一次完成，不能打磨再加工。

去年拿奖，范丽锋坐上"快车道"，被直接授予"浙江省首席技师"荣誉称号，还拿到了省政府颁发的8万元奖金。

今天，范丽锋可以理直气壮地说，他靠自己的努力，走出了大山，摆脱了贫困。

（五）成功启示：怎样才能成为首席技师

从2011年起，浙江省人力资源和社会保障厅发文，"每两年评选保障10名'钱江技能大奖'、50名'浙江省首席技师'和300名'浙江技术能手'"。其中获得首席技师一次性奖励5万元。现在，很多企业，许多高级技师的收入已经远远超过行政管理人员的收入了。许多城市都打出了年薪百万招聘首席技师的广告。

那么，怎样才能成为首席技师呢？范丽锋总结了三条成功的经验。

他说，首先，心态要好。承认自己笨，没什么大不了的，越知道笨，越要笨鸟先飞，多做功课。

其次，从小事做起。特别是学技术的时候，别老想着要学什么核心技术，多打打下手，多出出力气，会有收获，师傅也更愿意把真本事教你。

另外，要多用心，多比较，特别是要找自己比别人差在哪里。

范丽锋的儿子今年1岁，他说，等儿子长大了，会告诉儿子一个道理："别怕穷，别怕笨，别怕难，一步步走下去，日子就会不一样的。"

范丽锋在给母校遂昌职业中专的寄语中写道：肯吃苦、能坚持、会学习就一定有腾飞的时候，拼搏才会出成绩。希望母校今后培养出更多的高技能型金领。

他想起海尔副总裁杨绵绵的一句话：要论海尔的成功秘诀，无非是把一件简单的事坚持做了二十年。文章结束之际，又想起马云的一句话：明天很美好，但百分九十九的人会在明天凌晨之前死去。

范丽锋用十五年的坚持，坚持做一名焊工，完成了从"笨学徒"到"首席技师"的华丽转身，我们的职高生们，创业路上，你能坚持 15 年吗？如果能，下一个首席技师或许就是你。

第六章

创 业 准 备

⟶

目前社会上有不少人对中职生创业不以为然，或许现在的你也认为自己不适合创业，也许将来创业会遇到各种各样的困难和挫折，但是当我们看看身边那些成功的案例，只要你有理想，不怕苦，肯付出，中职生同样能创业成功。励志照亮人生，创业改变命运。

第一节　创业内涵

故事启示

90后女大学生白手起家成功创业

徐图在当地有些名气，不少同学称呼她为"徐老板"，有时她爸爸也这样开玩笑地叫她。尽管还在念大三，但徐图的创业史已有两年，且小赚一笔，令人羡慕。

大一进校时，刚刚17岁的徐图就趁课余时间做兼职，发过传单、卖过牛奶、当过信用卡业务员、代理过茶艺师培训，积累了不少经验。"其实我还是想创业。"怀着梦想，徐图四处搜集开店信息，最初打算开一家餐饮加盟店，但最后因加盟费太高而放弃了。因为她只有6000元积蓄。怎么办呢？徐图决定选一个门槛较低的行业。经过考察分析，她决定在家乡宣威开家女装店。

说干就干，她先以350元的月租盘下一间铺面，交了2100元的房租；为了省钱，她自己装修，花200元买来麻绳，再花100元买来乳胶漆刷墙，又花50元买了个旧柜台，花150元买来灯具，花200元买衣架、模特等，700元就搞定了室内装修。剩余的3000多块钱，徐图进了第一批货，并雇用了一名店员。一年过去，这家小店赚了两万块。

第一桶金给了徐图不少信心，尽管过程很辛苦，但她觉得很值得。不过，徐图并不满足现状。

"斗南花市世界知名，将来借此发展连锁花店或做花卉出口应该不错。"去年 10 月，徐图经过市场调查后发现，学校周围仅有两家花店，一家花艺技术不高，顾客对此有意见；另一家价钱较高，学生承受不起。徐图当即决定，在学校附近开一家花店，销售鲜花和盆栽，力争做到"花艺精美，价格低廉"，"让所有同学都能消费得起这份浪漫"。她随即将服装店以 5000 元转让，用此前赚的两万元积蓄开始了第二次创业。

再次打点店铺，徐图仍是自己动手装修、粉刷。由于顾客主要是年轻大学生，徐图还给店铺取了个浪漫的名字——"那时花开"。自花店开张以来，由于物美价廉，生意一直较好，附近许多大学生前来光顾，每个月的营业收入在 6000 元左右，徐图又一次令人艳羡不已。

"对于没有资金、没有背景的大学生来说，我们只有双手和想法。如果想创业，别找借口说自己没钱，我也是靠自己平时积攒的；别找借口说自己没能力，能力都是锻炼出来的，只要有胆量和激情就够了，因为我们还年轻，应该用拼搏去预演明天。"徐图寄语台下同龄大学生，引起共鸣。

想一想：徐图是如何赚得人生的第一桶金的？她的思想和行为给你带来了哪些启示？

（资料来源：http://news.xinmin.cn/rollnews/2010/03/16/4032940.html）

知识储备

一、创业的基本要素

美国教育学家蒂蒙斯认为创业的要素主要由"商机、资源、团队"组成，在概念上也正好与中国传统的"天时、地利、人和"三要素一一对应。

1. 商机

创业过程的核心是商机问题。商机是可遇而不可求的，只有你万事俱备着才能快速准确地抓住它。一个好的思路未必是一个好的商机，商机与市场需求相适应才能真正付诸实际创业。

2. 资源

为了使创业成功，必须要让所有的资源全部到位，尤其是资金必须充足。但是，很多人错误地认为资金是创业的第一位，而成功的创业者一般都认为合理利用和控制资源才是王道。

3. 团队

创业团队=创业带头人+创业成员。

创业团队是企业成功的关键因素。优秀的团队总是由一位非常有能力的创业带头人建立和领导。

案例：马化腾和他五兄弟的创业团队管理

腾讯老总马化腾创业初期与他的同学张志东"合资"注册了深圳腾讯计算机系统有限公司，之后又吸纳了三位股东：曾李青、许晨晔、陈一丹。

为避免彼此争夺权力，马化腾在创立腾讯之初就和四个伙伴约定清楚：各展所长、各管一摊。之所以将创业5兄弟称之为"难得"，是因为直到2005年的时候，这五人的创始团队还基本是保持这样的合作阵形，不离不弃。直到腾讯做到如今的帝国局面，其中4个还在公司一线，只有CEO曾李青挂着终身顾问的虚职退休了。

从股份构成上来看，5个人一共凑了50万元，其中马化腾出了23.75万元，占了47.5%的股份；张志东出了10万元，占20%的股份；曾李青出了6.25万元，占12.5%的股份；其他两人各出5万元，各占10%的股份。

虽然主要资金都由马化腾所出，但他却自愿把所占的股份降到一半以下，"要他们的总和比我多一点点，不要形成一种垄断、独裁的局面。"而同时，他自己又一定要出主要的资金，占大股。"如果没有一个主心骨，股份大家平分，到时候也肯定会出问题，同样完蛋。"

保持稳定的另一个关键因素，就在于搭档之间的"合理组合"。

据《中国互联网史》作者林军回忆说："马化腾非常聪明，但非常固执，注重用户体验，愿意从普通的用户的角度去看产品。张志东是脑袋非常活跃，对技术很沉迷的一个人。马化腾技术上也非常好，但是他的长处是能够把很多事情简单化，而张志东更多是把一个事情做得完美化。"

如果说，其他几位合作者都只是"搭档级人物"的话，只有曾李青是腾讯5个创始人中最好玩、最开放、最具激情和感召力的一个，与温和的马化腾、爱好技术的张志东相比，是另一个类型。其大开大合的性格，也比马化腾更具备攻击性，更像拿主意的人。不过或许正是这一点，也导致他最早脱离了团队，单独创业。

可以说，在中国的民营企业中，能够像马化腾这样，既包容又拉拢，选择性格不同、各有特长的人组成一个创业团队，并在成功开拓局面后还能依旧保持着长期默契合作，是很少见的。而马化腾成功之处，就在于其从一开始就很好地设计了创业团队的责、权、利。能力越大，责任越大，权力越大，收益也就越大。

想一想：腾讯公司做得如此强大，靠的是什么？腾讯公司的成功给了你什么启示？

（资料来源：http://blog.renren.com/share/231715603/7363686390）

二、中职生常用创业模式

了解常见的中职生创业模式，使中职生了解如何对自己的创业进行定位、如何获取创业机会、整合创业资源，是非常有意义的。以下总结了四种适合中职生的创业模式。

1. 白手起家模式

早期温州人"白手打天下"的历程现在被传为美谈，每个创业活动本身是机会、资源、团队三者的整合过程，李嘉诚、王永庆等都是白手起家的典型。成功是积攒出来的，从小生意做起、从基础做起，在创业的过程中不断学习积累，把自己的知识和经验像滚雪球一样逐渐滚大，由量变引起质变，最后成就一番事业。

中职生的资本是年轻，年轻激情、冲动会使中职生走很长一段弯路，经历无数的挫折和失败，这也就意味着必须要付出代价，付出更多的努力，承受更多的孤独，遭受更多的误解。但我们要感谢这些失败与挫折，因为它们一次又一次推动你向前更进一步。

2. 依附式创业模式

依附式创业包括代理经销商和特许经营子模式。

代理经销商是常见的一种创业方式，代理时选择品牌信誉好、发展前途好的产品和公司。与个人创业比起来，连锁加盟能够为中职生创业者提供已有的规范运营模式、健全的市场机制等一系列成熟的经营模式。这类创业模式为中职生创业者省去诸多的创业烦恼，并且提高了创业的成功概率。

3. 网络创业模式

随着互联网的飞速发展，网络经济中蕴含的巨大商机和发展前景使得网络成为时代宠儿，它主要包括：网站建设、淘宝开店、网上自由职业等。

不同的创业模式要求创业者的素质是不同的，准确判断自己的优势和劣势，选择最适合自己的创业模式，可以化解很多的不利因素。

4. 多元化兼职创业模式

中职生兼职创业是指学生不放弃或中断自己的学习而在课余时间从事创业活动的创业模式。多元化兼职产生了一些新兴的行业，如软件编写、图像处理、文字编辑等工作具有很大的随机性和自由性，为学生提供了大量的兼职机会。

目前，中职生创业者对这种模式倾向性比较高。因为该模式不大影响学生学业，对学生的时间要求比较自由，同时风险较小，几乎不用多大成本就可以换得利益。

实战训练

案例：业精于专

李霞，职高毕业后进一家工厂上班，工作没到一年就被炒了鱿鱼。一气之下，她索性做起旧书生意。

读职高时，李霞就发现许多二手书店通常是将人家卖不出去的书籍抱到店里来销售，却忽视了顾客究竟要什么读物。而随着图书市场格局的变化，现存的正规旧书店已为数不多，无形中导致旧书店的现状已无法满足市场和读者的实际需求。加上近年来纸张价格飞涨，包装精美的新书更是价格不菲，这无疑给二手书市场留下了巨大的交易空间。

李霞认为做旧书生意的定位就在于"专"。根据现实情况，她打算主营社会、科学、历史类书籍，从而形成自己的特色。她首先看书的内容，其次是出版社。她收购到一百多本财富类、小说等书籍，没想到新学期开学没几天，就被中职生抢购一空。

书店开张没多久，为增加有效的交易渠道，李霞还开设了网上交易，意在便于与同行交流。现在，网上交易量已占到书店业务总量的35%。增设"寄卖"业务是李霞的新招。现在李霞的书店每月有3000元的纯利。

启示：李霞的故事属于创业活动吗？你觉得她的成功体现在哪些地方？

思考：结合你所学专业，列举出你毕业后可能要从事的理想的3个职业岗位，并写出从事这3个岗位的发展计划。

拓展阅读

适合中职生创业的四大方向

方向一：技能服务领域

年轻、技能是中职生创业的资本，在技能服务领域创业，中职生游刃有余。例如电子商务专业学生可以兼职PS、文字编辑等工作，机械专业可以去厂里承包一些技术活，比如电焊、机床等。一方面，这是职高生勤工俭学的传统道路，可以积累丰富的经验；另一方面，职高生能够充分利用自己的技能，更容易赚到第一桶金。

推荐商机：图像处理、文字编辑、客服、电焊、修理电器等。

方向二：连锁加盟领域

统计数据显示，在相同的经营领域，个人创业的成功率低于20%，而加盟创业的成功率则高达80%。对创业资源十分有限的中职生来说，最好选择运营时间在5年以上、拥有10家以上加盟店的成熟品牌。

推荐商机：快餐业、校园小型超市等。

方向三：高科技领域

身处高新科技前沿阵地的职高生，在这一领域创业有着近水楼台先得月的优势，但并非所有的职高生都适合在高科技领域创业，一般来说，电脑技术功底深厚、学科成绩优秀的职高生才有成功的把握。

推荐商机：软件开发、网页制作、网络服务、手机游戏开发等。

方向四：开店

中职生开店，一方面可充分利用高校的学生顾客资源；另一方面，由于熟悉同龄人的消费习惯，入门较为容易。正由于走学生路线，因此要靠价廉物美来吸引顾客。此外，由于中职生资金有限，不可能选择热闹地段的店面，因此推广工作尤为重要，需要经常在校园里张贴广告或和社团联办活动，才能广为人知。

第二节　创业者具备的素质与能力

美国《时代》周刊曾经有这样一段评论："在 21 世纪，改变你命运的只有你自己，别期盼有人会来帮助你。从现在开始，学习、改变、创业，是通往新世界的唯一道路。"决心创业并已参加培训的学员勇敢地迈第一步，勇于吃苦耐劳，勤于学习，坚忍不拔，一定能实现自己心中的目标。

创业能否成功，与创业者的素质与能力有着极大的关系。

故事启示

"摆摊女生"的财富人生
——记遂昌职业中专 2014 届优秀毕业生郑雅玲

郑雅玲无论走到哪里，都会受到关注，那是她过于发福的体形。然而，老师们慢慢发现这位体形最大的女生也是全校最有礼貌的学生，因为她碰到所有老师，都会主动打招呼，从此她被冠上了"全校最有礼貌学生"的雅号。

初二的寒假，颇具商业头脑的郑雅玲用积攒的两三百元零用钱在网上买了一些儿童玩具。大年三十的晚上，寒风刺骨，冷气逼人。郑雅玲来到县府广场上卖起了小夜灯，五彩缤纷的颜色马上吸引了小朋友们的眼球，再加上她文明礼貌的语言行为，很多人都到她这里买。经过几天的努力，她终于赚到了人生的第一桶金——500 元纯利润！

2011 年 9 月，郑雅玲如愿以偿来到了遂昌县职业中专，学习电子商务专业。电子商务的课程无疑很合郑雅玲的口味，她有过开网店的经历，对"网上学淘宝"这样的课程轻车熟路。学校开设的"跳蚤市场"，无疑给像郑雅玲一样自主创业的学生创建了一个很好的创业平台。郑雅玲在这里如鱼得水，在校园里大大方方地进行产品销售。在她的带动下，参与摆地摊的同学越来越多，她也成为学校小有名气的小"老板"。

2012 年暑假，郑雅玲准备正儿八经地大干一场。服装夜市在县城车站边的叶坦桥边，郑雅玲借来了活动衣架，用平时所赚的"资本"从网上进了一批货，推着活动衣架，开始了"专业"的"摆摊生活"。一个暑假下来，雅玲积攒了一万多元。

郑雅玲绝不满足于做一名走南闯北的小商贩。她心中有着对财富强烈的追求，并为之付出艰苦卓绝的努力。她想到：光靠摆摊是无法成为一名出色的商人，提高学历，武装头脑是必要的投资，而且是"划算"的投资。2014年7月，郑雅玲如愿地被义乌工商学院录取，就读会展专业。对于未来的期待，她说一定要开一家自己的门店。

我们有理由相信，从"摆摊"起步的郑雅玲，在财富的道路上会走得更远。当然，她留给我们职高的教育"财富"也会流传久远。

想一想：创业者在创业之初最急需的是什么？

知识储备

创业者（entrepreneur）有两个基本含义：一是指企业家，即在现有企业中负责经营和决策的领导人；二是指创始人，通常理解为即将创办新企业或者是刚刚创办新企业的领导人。

一、创业者具备的素质

如今，创业已成为全球时代的焦点。创业是极具挑战性的社会活动，是对创业者自身智慧、能力、胆识的全方位考验。一个要想获得成功的创业者，不仅要具备一般人的基本素质，同时还要了解作为创业者所应具备的创业素质和创业能力。

（一）强壮的身体素质

几乎所有的企业家都认为良好的身体素质是成功创业的第一大前提。在创业之初，创业者都是亲力亲为，加上工作时间长、巨大的风险与压力，若无充沛的体力、旺盛的精力、敏捷的思路，必然力不从心、难以承受创业重任。

王石，万科集团创始人，他积极倡导和实践极限运动，从2002年至2006年的5年时间中，他成功登顶了世界七大洲的最高峰，并且徒步到达了南北两极点。王石曾经表示："极限运动使我超越自我而满足。"而目前全世界只有10个人完成此项探险。

（二）创业意识和激情

要想取得创业的成功，创业者必须具备强烈的创业意识和激情。它们能帮助创业者克服创业道路上的各种困难，将创业目标作为自己的人生奋斗目标。只有具备了它们，才能不断地去挖掘和寻找创业资源，不断地去解决经营过程中遇到的各种矛盾。

（三）良好的心理素质

创业的成功在很大程度上取决于创业者的心理素质，它包括：

（1）独立思考、判断、选择、行动。

（2）敢于行动、敢冒风险、敢于拼搏、勇于承担行为后果。

（3）敢于克服盲目冲动和私利欲望。

（4）坚持不懈、不屈不挠、顽强努力。

（5）善于进行自我调节、适应性强。

在创业的过程中难免会遇到诸多的挫折、压力甚至失败，这就需要创业者具有非常强的心理调控能力，能够持续保持一种积极、沉稳、自信、自主、刚强、坚韧及果断的心态，即有健康的创业心理素质。宋代大文豪苏轼说："古之成大事者，不惟有超世之才，亦必有坚忍不拔之志。"只有具有处变不惊的健康心理素质，才能到达胜利的彼岸。

案例：史玉柱传奇故事

在中国改革开放 30 年的浪潮中，安徽怀远人史玉柱无疑是最具传奇色彩的。在民营企业家命运沉浮变幻的序列中，史玉柱再次崛起的故事，突显出"执着与毅力"的魅力与价值。从巨人汉卡到巨人大厦，从脑白金到黄金搭档，如果经商也是一场游戏，史玉柱玩了一场大翻盘，表现可圈可点。

第一次创业：巨人倒塌。

27 岁那年，史玉柱借债 4000 元，开始创业。他利用报纸《计算机世界》先打广告后收钱的时间差，用全部的 4000 元，为其耗费九个月心血开发出来的 M-6401 桌面排版印刷系统，做了一个 8400 元的广告。13 天后，史玉柱即获 15820 元；一个月后，4000元广告已换来 10 万元回报；四个月后，新的广告投入又为他赚回 100 万元。

1991 年史玉柱创办了珠海巨人高科技集团公司，到 1993 年 7 月，"巨人集团"下属全资子公司已经发展到 38 个，是仅次于"四通公司"的全国第二大民办高科技企业，拥有 M-6405 汉卡、中文笔记本电脑、手写电脑等五个拳头产品。

第二年初，巨人大厦动土。他将自己未来的产业集中在三个领域——软件、药品、保健品。1995 年，巨人打响了"三大战役"，这一年，史玉柱推出了三个领域 30 个新品，砸了 1 亿元人民币投放广告。后来家喻户晓的保健品脑黄金竟然取代了汉卡，成为巨人最赚钱的产品，高峰时期，脑黄金每年贡献的纯利润就有 1 亿元人民币。也正是这一年，33 岁的史玉柱的声名达到巅峰状态，世界上著名的财经杂志《福布斯》发布了一个"大陆富豪排行榜"，他名列第八。

1996 年，巨人大厦资金告急，史玉柱决定将保健品方面的全部资金调往巨人大厦，保健品业务因资金"抽血"过量，再加上管理不善，迅速盛极而衰。巨人集团危机四伏。脑黄金的销售额达到 5.6 亿元，但烂账有 3 亿多。

史玉柱成了背负 2.5 亿元债务的"中国首负"。不久，他便黯然离开广东。

第二次创业：卖保健品。

幸运的是，受到重创的史玉柱，除了缺钱，似乎什么都不缺——公司 20 多人的管理团队，在最困难的时候依然不离不弃，没有一个人离开。而且史玉柱手上已经有两个项目可供选择，一个是保健品脑白金，另外一个是他赖以起家的软件。

1998 年，山穷水尽的史玉柱找朋友借了 50 万元，开始运作脑白金。史玉柱敏感地意识到其中大有名堂，他因势利导，推出了家喻户晓的广告"今年过节不收礼，收礼只收脑白金"。2000 年，公司创造了 13 亿元的销售奇迹，成为保健品的状元，并在全国拥有 200 多个销售点的庞大销售网络，规模超过了鼎盛时期的巨人。这一年，他悄悄还了所欠的全部债务。

2001 年，黄金搭档上市，史玉柱为它准备的广告词几乎和脑白金一样俗气——"黄金搭档送长辈，腰好腿好精神好；黄金搭档送女士，细腻红润有光泽；黄金搭档送孩子，个子长高学习好。"在史玉柱纯熟的广告策略和成熟的通路推动下，黄金搭档很快走红全国市场。

第三次创业：开发网游。

靠卖软件起家的史玉柱，自然和电脑游戏不会陌生，但他真正喜欢上电脑游戏是在 1996 年，当时巨人出现资金危机，债主接连登门，搞得史玉柱无法正常办公，于是，关起门来的史玉柱把电脑游戏当成了唯一的消遣方式。

2004 年 11 月，史玉柱的征途公司正式成立。2005 年 11 月《征途》推出，两年来，在线人数一路飙升，目前已经成为全球第三款同时在线人数超过 100 万的中文网络游戏。2006 年，《征途》的销售额达到 6.26 亿元，今年的月销售收入已经突破 1.6 亿元，月利润直逼亿元大关。

想一想：史玉柱为何总能东山再起？他的成功给你带来了哪些启示？

（资料来源：http://tech.hexun.com/2008-08-27/108405127.html）

（四）丰富的知识素质

创业者的知识素质对创业起着举足轻重的作用。创业者要进行创造性思维，要做出正确决策，必须掌握广博知识，具有一专多能的知识结构。具体来说，创业者应该具有以下几方面的知识：

（1）掌握与本行业本企业相关的科学技术知识，依靠科技进步增强竞争能力。

（2）了解科学的经营管理知识和方法，提高管理水平。

（3）具备市场经济方面的知识，如财务会计、市场营销、国际贸易、国际金融等。

（4）具备一些有关世界历史、世界地理、社会生活、文学、艺术等方面的知识。

（5）做到用足、用活政策，依法行事，用法律维护自己的合法权益。

（五）竞争意识

随着我国社会主义市场经济从低级向高级发展，竞争越来越激烈。创业者若缺乏竞争意识，实际上就等于放弃了自己的生存权利。创业者只有敢于善于竞争，才能取得成功。创业者创业之初面临的是一个充满压力的市场，如果创业者缺乏竞争的心理准备，甚至害怕竞争，就只能是一事无成。

（六）坚持诚信

诚信乃创业者之本。创业者在创业过程中，要言出必行、讲质量、以诚信动人；如不讲信誉，就无法开创出自己的事业；失去信誉，就会寸步难行。

二、创业者需要的能力

（一）经营管理能力

创业条件中资金不是至关重要的，最重要的是创业者个人的经营管理能力。它涉及对人员的选择、组合和优化，也涉及资金筹集、分配、使用等。作为创业者，只有学会效益管理、知人善用以及最大化的充分合理的整合资源，才能形成市场竞争优势。

（二）领导决策能力

领导决策能力是一个人综合能力的表现。一个创业者首先要成为一个领导决策者，要具有感召力和决策力及统揽全局和明察秋毫的能力。在混乱不堪的情况下，能比别人更快、更准确地判断问题的所在，并以自己的认识来解决处理问题。

（三）创新能力

创业实际就是一个充满创新的事业，所以创业者必须具备创新能力，无思维定式，不墨守成规，能够根据客观情况的变化，及时提出新目标、新方案，不断开拓新局面。在竞争激烈的市场中，缺乏创新的企业很难站稳脚跟。

（四）社交能力

朋友圈、人脉圈日益成为创业信息、资金、经验的"蓄水池"，有时甚至在商业活动中能起到四两拨千斤的神奇功效。扩大社交朋友圈，通过朋友掌握更多信息、寻求更大发展，日益成为成功创业的捷径。

创业者除了要具备以上4种能力，还需具备预见能力、应变能力、用人能力、激励能力等。

当然，这并不是要求创业者必须完全具备这些素质才能去创业，但创业者本人要有不断提高自身素质的自觉性和实际行动。提高素质的途径：一靠学习，二靠改造。要想成为一个成功的创业者，就要做一个终身学习者和改造自我者。哈佛大学拉克教授讲过这样一段话："创业对大多数人而言是一件极具诱惑的事情，同时也是一件极具挑战的事，不是人人都能成功。"

实战训练

创业能力自测

1．测试题（请你根据自己的实际情况，回答"是"或"否"）

（1）你在学校是个成绩优异的学生吗？

（2）你在学生时代是否喜欢参加集体活动？

（3）你在少年时是否常常喜欢独处？

（4）你在童年时是否做过报童，或帮人做过小生意？

（5）你儿时是否很倔强？

（6）你少年时是否很谨慎，在活动时是否喜欢最后上场？

（7）你是否在乎别人对你的看法？

（8）你是否对每天都一样的例行工作感到厌倦？

（9）你会孤注一掷经营生意，即使亏本也在所不惜吗？

（10）你的新事业失败了，是否会立即另起炉灶？

（11）你是否属于乐天派？

2．评分标准

（1）是：+4，否：-4。

（2）是：+1，否：-1。

（3）是：+1，否：-1。

（4）是：+2，否：-2。

（5）是：+1，否：-1。

（6）是：+4，否：-4。

（7）是：+1，否：-1。

（8）是：+2，否：-2。

（9）是：+2，否：-2。

（10）是：+4，否：-4。

（11）是：+1，否：-1。

3．测试结果

请你把各题的得分加起来，用总积分与下面的分析相对照。

19～23分：表明你已具备了成为创业家的一切特质。

0～18分：表明虽然你创业成功希望微弱，但仍有强劲的创业精神。

-10~0 分：表明你能自行创业成功的机会很勉强。

-11 分以下：表明你不具备创业能力，不是这方面的人才。因此，如果你目前并不是自己做老板，你值得庆幸！如果你的得分虽然如此低，但你已在自己经营生意而且相当成功的话，那么请记住：你是一个难得的幸运者！

案例："牛仔大王"李维斯的西部发迹史

当年，这位德国移民李维斯像许多年轻人一样，带着梦想前往美国西部追赶淘金热潮。

一日，一条大河挡住了他前往西部的路，苦等数日，被阻隔的行人越来越多，都无法过河。于是有人陆续向上游、下游绕道而行，也有人打道回府，更多的则是怨声一片。

而心情慢慢平静下来的李维斯想起了曾有人传授给他的一个"思考制胜"的法宝，是一段话："太棒了，这样的事情竟然发生在我身上，又给了我一个成长的机会。凡事的发生必有其因果，必有助于我。"于是，他来到大河边，非常兴奋地不断重复着对自己说"太棒了，大河居然挡住我的去路，又给我一次成长的机会，凡事的发生必有其因果，必有助于我"。

果然，他真的有了一个绝妙的创业主意——摆渡。没有人因吝啬一点小钱儿不坐他的渡船过河。他人生的第一笔财富居然因大河的挡道而获得。一段时间后，摆渡生意开始清淡，他决定放弃，并继续前往西部淘金。来到西部，四处是人，他找到一块合适的空地方，买了工具便开始淘起金来。

没过多久，有几个恶汉围住他，叫他滚开，别侵犯他们的地盘。他只好灰溜溜地离开，又换了几个地方，仍然被粗暴地轰走。

最后一次被暴打之后，看着那些人扬长而去，他在心里默念"太棒了，这样的事情竟然发生在我身上，又给了我一次成长的机会，凡事的发生必有其因果，必有助于我"。终于，他又想出了一个绝妙的主意——卖水。

西部缺水，但是没人想到卖水。不久他的卖水生意便红红火火。慢慢地也有人参与了他的新行业。再后来，同行的人越来越多。

终于有一天，一个卖水的壮汉趁他不注意，把他的水车砸烂，并威胁他以后不许再卖水。李维斯不得不再次无奈地接受了现实，他迅速地调整自己的心态，强行让自己振作起来，不断对自己说"太棒了，这样的事情竟然发生在我身上，又给了我一次成长的机会，凡事的发展必有其因果，必有助于我"。

他开始调整自己注意的焦点。他发现来西部淘金的人，衣服极易磨破，同时又发现西部到处有废弃的帐篷，于是又有了一个绝妙的主意——把那些废弃的帐篷收集起来，洗干净做成衣服。就这样，他缝成了世界上第一条牛仔裤！

由于牛仔裤耐磨耐穿，深受矿工、农夫和西部牛仔们的欢迎，产品往往供不应求，订单也源源不断地涌来。

从此，李维斯一发而不可收地发起财来，享誉全球。

思考：李维斯创业的成功体现了他哪些良好的素质？给你带来了哪些启示？

拓展阅读

成功创业人士的 10 个好习惯

在研究大量成功企业领导者的案例后，我们发现，这些优秀的企业领导人知道自己需要什么，并能尽全部的努力去达到自己的目标，他们懂得做人、善于决策、充满热忱、持续创新、架构关系、激励团队以及赢得拥戴……这些良好的习惯和素质，使得这些企业领导人能够脱颖而出。

第一个习惯：懂得做人。

会做人，别人喜欢你，愿意和你合作，才容易成事。怎么让别人喜欢自己呢？好的企业领导者都能真诚地欣赏他人的优点，对人诚实、正直、公正、和善和宽容，对其他人的生活、工作表示深切的关心。

第二个习惯：善于决策。

面对不断变化的市场，企业经营方案总是不止一个，决策就是要对各种方案进行分析、比较，然后选择一个最佳方案。企业领导者的价值在于"做正确的事情"，同时帮助各阶层的主管"把事情做正确"。

第三个习惯：相信自己。

成功的企业领导者都有很强的信心，他们既会相信自己，也会在公众面前表现出这种自信心。成功学的研究成果表明：成功的欲望是创造和拥有财富的源泉。

第四个习惯：顽强的精神。

如果说有一种素质几乎为所有的成功企业领导者所拥有的话，那就是顽强的精神。所谓顽强，并不是达到愚蠢地步的顽固，它是一种下决心要取得结果的精神。

第五个习惯：重视人才。

企业最好的资产是人，企业领导者的美德在于挑选好的合作伙伴。选一个适合的人，比选一个优秀的人来得重要。除了专业所必备的素质之外，他们选人有三个条件：一是必须精力充沛，二是要正直，三是要有智慧和胆识，有进行思考的能力和魄力。

第六个习惯：激励团队。

组织起一个优秀的团队，是一件非常艰难和重要的事情。激发起他们的热情，挖掘出每一位团队成员的聪明与潜力，并将他们协调起来，是成功的领导者必须具备的一种能力。

第七个习惯：持续创新。

当今世界正面临着的一个非常严峻的现实是：如果你停步不前，你就会失去自己的立足之地。如果你满足于现状，你就丧失了创新能力，而创新是人类发展的主要源泉。具有创新头脑的人是不怕变革的。

第八个习惯：有效沟通。

领导者与被领导者之间的有效沟通，是管理艺术的精髓。比较完美的企业领导者习惯用约 70%的时间与他人沟通，剩下 30%左右的时间用于分析问题和处理相关事务。他们通过广泛的沟通使员工成为一个公司事务的全面参与者。

第九个习惯：注重家庭。

比较完美的企业领导者常把家庭比作登山的后援营地。他们在筹备后援营地（家庭）上所花的时间，绝不能少于实际登山（干事业）的时间，因为他们的生存、登山的高度，常常与后援营地是否牢固和存粮是否充足有关。

第十个习惯：经营健康。

许多立志要成功但最后壮志难酬的企业领导人，往往是因为不能战胜一个最大的敌人，这个敌人就是自己不健康的身体。美国管理界流行着一个观点：不会管理自己身体的人亦无资格管理他人，不会经营自己健康的人就不会经营自己的事业。

（资料来源：http://www.360doc.com/content/09/0709/08/37133_4195370.shtml）

第三节　塑造优秀的创业团队

故事启示

马云谈《西游记》团队

众所周知，马云创立了阿里巴巴集团、淘宝网等大型企业，但他的背后是由 18 位罗汉组成的优秀团队共同支持的。

马云指出最好的团队是唐僧的团队，刘备的团队是可遇不可求的团队，唐僧的使命感很好，我的目标就是西天取经，是一个取向性很强的人，唐僧这样的领导不一定要会说话，慈悲为怀，这样的领导很多企业都有。孙悟空呢？能力很强，品德很好，但是缺点也很明显，企业对这样的人是又爱又恨，这样的人才每个企业都有，而且有很多。猪八戒呢？好吃懒做，一个企业没有猪八戒是不正常的。沙僧呢？老实本分，挑担牵马，八小时工作制，这样的人企业里更多。这是一个平凡的团队，这是一个严格的团队，然而就是因为这个平凡的团队经过九九八十一难，才取到真经。

这就是团队的精神，少了谁也不可以，互补，相互支撑，关键时也会吵架，但价值观不变。不过要管理这个团队，对领导的要求是很高的。一个领导者要有三样：眼光、胸怀、实力，一个企业家的眼光不好，永远成不了好的企业家。

想一想：这四个人合在一起形成中国最完美的团队，哪一个都缺不了，职场中的你是四个人中的哪一个呢？

知识储备

一、团队的准备与选择

选择了正确的团队，就是完成了80%的工作。好的团队是创业的首要条件，没有完美的个人，只有完美的团队。

（一）创业团队概念

创业团队是一种特殊的团队，是为了创业的目标，由两个或两个以上相互作用和相互依赖的个体组合而成的工作集合体。它是通过成员的共同努力能够产生积极的协同作用，团队成员努力的结果导致团队绩效远远大于个体绩效之和。

成功的创业团队应该有着共同的愿景、优势互补并且相互信任。

（二）团队的准备与选择

现在社会讲究的是双赢，我们做事业也需要有自己的合作伙伴，一般我们创业的时候需要很多朋友和家人的支持，但是这些只是我们创业的一部分，我们还需要一些创业的伙伴，也就是合作伙伴。选择合作的伙伴不是件很容易的事情，下面我们具体分析一下。

第一，合作伙伴是需要我们有一个共同的兴趣和爱好。

第二，我们寻找的合作伙伴最好是我们熟悉的朋友和同学，这样便于互相了解，知道对方的具体情况也方便沟通，这样合作起来会更加顺心。

第三，合作伙伴需要有一定的专业水平和职业技能，这对于我们的创业有很大的好处，他可以根据自己的能力提出很多好的建议，同时能出色地完成很多工作，这样我们自己就可以有更多的精力地做好创业的其他工作。

第四，合作伙伴应该有一定的人际关系和资金。合作伙伴有一定的人际关系可以省去我们很多在初期创业建立人际网络的时间。

案例：团队合作胜过单打独斗

职高毕业后的李健，经过几年的市场实战历练，羽翼渐丰。于是，他决定到大城市北京大展身手。经朋友介绍，他到一家大公司的市场销售部就职。由于有扎实的知识基础和几年的企业工作经验，思路开阔的他深得领导青睐。一次，在公司内部广征发展方案时，经理在分配任务时提醒：作为尝试，他们可以单独完成一份，也可以和别人合作完成一份。

凭借着以往的工作经验以及对市场行情的把握，另外他认为其他成员能力明显不如他，李健决定单挑。

市场拓展报告呈上后，经理的评价出乎他意料之外：视野虽开阔，但缺少了本土化的东西，操作性不强。之后，经理把其他几位同事叫在一起，让他们分别分析对方的方案，在经理的"撮合"之下，他们将各自方案中提出的亮点进行了提炼和重构。结果，在大家合作下的新方案得到了老总的赞赏，确定了最终方案。

想一想：

1. 个人综合能力较强的李健，他单独完成的方案为什么得不到经理的认同？

2. 职场生活中，如果你是创业团队的领导者，你应该如何进行合作，组建一支优秀团队？

二、团队文化价值体现

（一）团队文化

团队文化是在对团队的发展战略认同的前提下，形成一种积极、易沟通、学习的精神状态。团队文化是项目管理的一个非常重要的组成部分，如果把组织架构、管理制度看作是团队体制中的"硬件"，那么团队文化就是"软件"，它会增强团队内聚力、向心力和持久力，并最大限度地激发团队成员的积极性和创造性，从而确保团队工作取得巨大成效，最终促进团队成长和发展。

企业的成功依赖于企业的文化，而企业里的团队想要形成凝聚力，更是有赖于团队成员对文化的认同。

优秀团队文化是大家共同形成的，而不是团队领导者一个人在办公室里编出来的，或者"搬"过来的，是大家在工作过程中，在企业文化的熏陶和渲染下，结合团队的职责与定位，慢慢形成的。只有这样，大家才能够发自肺腑、自觉地予以遵守和维护，而团队文化也成为团队成员心目当中的一道印痕，深深地刻在每个人的脑海里。

案例：团队文化　催人泪下

有一天，我们的店员清华同事接到了一位年轻的顾客，经过清华激情细致的介绍，她很喜欢我们的沃顿沙发和班诺餐台以及卧房系列，据了解她是商丘的，并且还是一位编导，人很漂亮，说话也特别有涵养，所以大家都非常喜欢跟她聊天，但是她的房子还没有交，所以明确告诉我们，现在不会买家具，但我们大家并未因此而停止对她的服务，因为店里面有皮革保养剂，所以我们的清华同事主动提出要给她的包做一下保养，起初她还不好意思接受，但到后来，抵不住我们的热情，还不时地说她看那么多家具店，只有我们楷模感觉不一样，氛围热情，并且感觉很自然。虽然关系很好，但是我们不能忘记团队任务，团队的目标，于是多次让她下订单，替她排除所有顾虑，但她仍然犹豫不决！她可以嫌贵可以犹豫，但是我们也有自己的坚持。

于是我们再请她下单，当我们说团队的任务就差那么一点儿，她说这样吧，她说把资料带回家让家人也都看一下，明天再来，还说一定来。

但是我们对顾客说的明天一定要来没有什么把握，但有一线希望，我们绝不放弃，第二天刚好是七夕情人节，本来跟男朋友相聚的日子，却在这儿看家具，所以决定给她一个惊喜。所以我们订了一束鲜花，第二天上午 10 点半打电话再次邀约，姐姐真的来了，当她看到鲜花的那一刻，脸都红了，我们又带她看了一遍产品，她说家人也说不错，我们相信这单绝对没问题了，但是关系再好，因为价位问题，她还是不能接受当天订，为了照顾顾客的感受，更好地拉近关系，暂时撇开了订家具的问题，让她了解我们的企业文化，当顾客用了一下我们的洗手间之后，她突然改变了想法，直接说了一句，如果能打 8 折，我马上就订。

大家都喜出望外，特别感谢姐姐，她说感动我的不仅仅是你们用心服务，而是你们这个团队、你们的文化。她说："回想起我的大学生活"，说到这儿眼眶都湿了，"我看见你们写的目标，写的那样的话：'梦想、未来、希望、现实、处境、活着、奋斗吧！'这样的字眼，我也突然觉得你们特别不容易，并且那么团结，让我觉得你们的，一个团队，一个声音，一颗心，没有任何困难可以阻挡我们，不仅仅是一句话，而是真正的在行动，所以我相信你们。"单子签了，但我们收获的不只是业绩。我们的文化不只感动了顾客，还感动了我们自己。

我们的服务不是流于表面，而是发自内心，因为我们是楷模人，我们的企业、我们的精神、我们的文化……永无止境！！！

想一想：结合案例请说说是什么让这位犹豫不决的顾客马上下单购买家具？你认为团队文化对企业有什么重要性？

（资料来源：http://blog.sina.com/s/blog_4a47bd890101om15.html）

（二）团队价值观

团队价值观能否被全体职工所接受，直接关系到整个团队命运的走向。美国管理学家彼得斯曾指出：大多成功的企业，源于员工能够分解、接受和执行企业的价值观。在发展团队文化时，团队领导者必须了解员工的价值观并且吸收其精华，建立起员工认可和拥护的价值观。团队领导者可以从以下几个方面着手建立团队价值观。

1. 培养领导者自身魅力

要想让团队文化得以有效传播和被认可，最起码的前提是领导人本身要优秀。优秀的团队文化一定是跟这个团队的创始人或者领导人有关的。因此，团队领导者应该努力提升自己的道德和能力的水平，同时，还要具有激情和执着精神。激情成就梦想，没有激情的团队负责人，很难打造出一支激情的团队，同样，缺乏意志力和执着精神的团队领导者，也很难成就团队较大的市场业绩。

2. 不断"灌输"价值观，潜移默化地"洗脑"

很多企业和团队的员工一大早就在操场上或唱，或跳，或喊口号。他们唱的和喊的是经过反复提炼而成的理念。

其实，团队领导者要求他们反复演绎、反复诠释的目的只有一个，就是不断地给员工"灌输"，希望员工的价值观能够和自己的一致。

3. 使员工感到"我们是一体的"

如果团队成员不把自己看成是团队中的一员，认为团队的利益与自己关联不大，那么这个团队必定是一个失败的团队。只有员工把团队的事看成是自己的事，把自己的荣辱与团队的荣辱紧密相连，这样的团队才会成功。

4. 鼓励员工与团队共同发展

作为一名团队领导者，不能只关注团队自身利润的好坏，而对员工的前途漠不关心，仅仅把员工当作赚钱的工具。员工与团队共同发展，有两个方面条件：一是团队发展了，员工同时获得更高层次的职业发展台阶；二是团队发展了，员工可以分享发展带来的利益成果。

总之，文化是团队的灵魂，一个团队只有有了自己的文化，才具有了真正的核心竞争力，否则就是一盘散沙，一个团队只有在优秀团队文化的指引下，才有了前行的力量，每个人才能找到在团队中的地位和价值，只有如此，团队成员才能齐心协力，才能共同达成团队的目标，才能积累文化的能量，做出更大的市场业绩，不断地创造新的辉煌。

实战训练

第一步，组建一个 3～5 个成员的团队，请创业团队的每个成员在下面的表格中认真填写自己的知识、技能、特质、资源等方面已具备的优势。

成员 \ 优势	知识	技能		特质	资源
		技术方面	管理方面		
成员一					
成员二					
成员三					
成员四					
成员五					

第二步，请创业团队负责人将上述各成员已具备的能力进行汇总，梳理出所在团队的整体实力，为创建优秀团队奠定基础。

拓展阅读

阿里巴巴的企业文化价值观

核心价值观转化为行为才有意义。要让企业的全体员工认同并践行企业价值观，必须具备两个条件：①要让员工认识到价值观不仅和企业的命运、也和自己的利益有关；②将价值观具体化，让员工知道怎么做。

下面是阿里巴巴的六条核心价值观的具体内容。

一、客户第一，客户是衣食父母

(1) 尊重他人，随时随地维护阿里巴巴形象。

(2) 微笑面对投诉和受到的委屈，积极主动地在工作中为客户解决问题。

(3) 站在客户的立场思考问题，在坚持原则的基础上，最终达到客户和公司都满意。

二、团队合作，共享共担

(1) 积极融入团队，乐意接受同事的帮助，配合团队完成工作。

(2) 积极主动分享业务知识和经验，主动给予同事必要的帮助，善于利用团队的力量解决问题和困难。

(3) 善于和不同类型的同事合作，不将个人喜好带入工作，充分体现"对事不对人"的原则。

(4) 有主人翁意识，积极正面地影响团队，改善团队士气和氛围。

三、迎接变化，勇于创新

(1) 适应公司的日常变化，不抱怨。

(2) 对变化产生的困难和挫折，能自我调整，并正面影响和带动同事。

四、诚信：诚实正直，言行坦荡

(1) 诚实正直，表里如一。

(2) 不传播未经证实的消息，不背后不负责任地议论事和人，并能正面引导，对于任何意见和反馈"有则改之，无则加勉"。

(3) 勇于承认错误，敢于承担责任，并及时改正。

五、乐观向上，永不放弃

(1) 喜欢自己的工作，认同阿里巴巴企业文化。

(2) 热爱阿里巴巴，顾全大局，不计较个人得失。

（3）以积极乐观的心态面对日常工作，碰到困难和挫折的时候永不放弃，不断自我激励，努力提升业绩。

六、专业执着，精益求精

（1）今天的事不推到明天，上班时间只做与工作有关的事情。

（2）遵循必要的工作流程，没有因工作失职而造成的重复错误。

（3）持续学习，自我完善，做事情充分体现以结果为导向。

第七章

创 业 成 长

→

第一节　创业项目的选择与评估

善于捕捉商机的创业者

开中餐馆、摆摊做夜宵啤酒、销售手机、办餐厅、做毛皮供货商、转行机械加工与制造，这6次创业经历都发生在一个名为赵李昆的璧山小伙身上。为了替父还债，他18岁辍学开始创业，六次创业终成功。如今26岁的他已成为百万富翁。

赵李昆家住璧山县青镇，18岁那年他正在来凤中学读高中，准备实现大学梦时，却传来噩耗——父亲因病去世。父亲去世后留下了一笔债务，当时经常有人到家里要债，甚至还有人为追债尾随他上下学，他不得不辍学创业来维持生计。

听说学厨师赚钱比较快，于是赵李昆到小天鹅学习完厨艺后，利用家里底楼的三个门面，开起了饭馆，做当地流行的来凤鱼。没有创业经验的赵李昆很快就遇到了麻烦：虽然店铺位于车流量较大的青镇白云大道，但由于类似的饭馆太多，其中不少饭馆都是已经开张十多年的"老字号"，他的店根本没有多少生意。

半年后，赵李昆的第一次创业以餐馆的关张而结束。

赵李昆随后开始到全国各地做创业尝试。他了解到做夜宵啤酒生意利润最多可达50%，并且投入少风险小，不需要门面，于是他利用夏天的三个月时间，到石柱新县城开了家夜宵摊。

夏天结束后，夜宵市场高峰也结束了，赵李昆利用赚到的钱，先后到河南、新疆等地做手机、皮毛的物流生意。他说，在新疆一张价值500元的皮毛，卖到璧山的深加工厂商时价格可达1000多元，他因此赚了5万多元。

就在生意做得顺风顺水时，赵李昆委托的一位中间商却在接到买家货款后卷钱逃走，赵李昆为此损失了两万多元，这相当于他两年的积蓄，他一度心灰意冷。

在璧山，有不少为各地制造企业提供服务的机械加工厂，赵李昆调查发现，它们的效益普遍不错，而且流程技术并不复杂。于是他向亲戚朋友借款6万元买下两台车床，并拿出了自己的所有积蓄请了4名工人，运转起了自己的毛坯加工线。

赵李昆说，虽然他从未接触过制造业，但工艺并不难，他跟着工厂里一位经验丰富的老工人边看边学，逐渐熟悉了全部的流程。

由于资金不充足，工厂里没请多少人，检验产品、清货、送货都得靠他一个人做，工人下班后他经常在生产车间里忙到凌晨4点多才睡觉，而第二天8点多钟，他又要租辆三轮车将货送到买家手中。付出总有回报，第一个月他就赚了1万元。

很快，厂里的车床数量也从2台变成现在的9台，但赵李昆觉得为企业加工机械产品很大程度上会受制于人，不如做成品更踏实。在一位投资伙伴帮助下，去年他将对方投资的70万元全部投入到购买齿轮生产设备，开始介入齿轮生产行业。

产品最愁没有销路，生产线建起来，赵李昆的烦恼却增加了。

"在重庆很多齿轮的生产厂家将产品供应给长安等大型制造企业，企业可选择的产品品种很多，竞争激烈。"赵李昆考察发现，西南地区的齿轮性价比比北方地区的要高，这对北方的企业可能会有吸引力，于是他决定针为北方地区销量不小的"金杯"牌汽车制造定向产品，以做到和本地企业的差异化。

制造出样品后，赵李昆花5000块钱参加了郑州汽配会，但参观客商很多都是邀请的老顾客，他的展台几乎无人问津。

赵李昆于是跑到其他公司的展位旁等待客户。一位西装笔挺的参观者走到该公司展位前，他马上与其攀谈起来，并将其引到了自己的展台前看样品。

"那位客商最开始很怀疑我的产品，认为我太年轻了；但我告诉他，我们年轻人创业首先就讲诚信，他和我交流了两个半小时，最后竟签下了10万元的订单。"拿到第一份成品订单和30%的订金，赵李昆称当时的感觉像做梦一样。

目前，赵李昆的企业年产值达到500万、固定资产达250万元。赵李昆告诉记者，他现在正在网络课堂上学习企业销售管理课程，并开始涉足电子商务。

想一想：创业之路并非一帆风顺，遇到困难时你怎么办？

（资料来源：http://www.zghbmhw.com/gushi/0/44.html）

知识储备

要了解创业项目，先了解一下我国目前的经济活动类型划分情况。

一、产业划分

世界各国把各种产业划分为三大产业。第一产业是指提供生产资料的产业，包括种植业、林业、畜牧业、水产养殖业等直接以自然物为对象的产业。第二产业是指加工产业，利用基本的生产资料进行加工并出售。第三产业是指第一、第二产业以外的其他行业。第三产业行业广泛，包括交通运输业、通信业、商业、餐饮业、金融保险业、行政、家庭服务等非物质产业。

在三大产业中，第二产业比例最大，第三产业其次，第一产业比例最小。其中随着社会的发展，第一产业比例继续降低，第二产业比例略降低，而第三产业的比例将大量增加。第三产业的经济活动对新进入的创业者更有吸引力。

二、创业项目的选择

三大产业中，都有适合微小企业的创业项目，但是为了方便理解，我们进行整理重新分类，三大产业可以被整合为贸易、服务、制造和农林牧渔类四大类。我们要结合自己的实际情况，如所学的专业、兴趣爱好、熟悉的领域、市场前景等进行创业项目的选择，相对会比较容易成功。

一般情况下，我们要选择的创业项目应该是有市场、有潜力、能够满足顾客需求、能够为客户创造价值或增加价值，同时为自己带来利润的可持续经营的商业机会。那么选择这些项目有哪些策略呢？

第一，从兴趣爱好中发现。选择你最感兴趣的项目进行创业，会使你乐在其中，全力以赴，那么你成功的概率也随之增大。中职生进行创业，可以结合兴趣爱好选择一些小的项目。

第二，从自身实际去思考。选择项目不仅可以从兴趣、爱好出发，还可以从自己的学习、生活经历出发。创业者的经验和背景在创业的过程中扮演着至关重要的角色。例如，一个拥有大型汽车制造厂工作经验的机械技工，他就有可能创办汽车修配厂。每一个人都有自己的长处和优势，如对某一行业、某一领域、某种产品比较熟悉，在技术上有某种专长等等，这些都是创业的机会和潜在的资源。

第三，从周边环境去发掘。创业者必须始终牢记"企业是为解决顾客的问题而存在的"，选择创业项目必须以满足市场需求为导向的。

（1）大环境和本地区的产业背景。中国的市场是一个受政策影响很大的市场，国家的政策导向和所处地区的产业背景对创业者有着非常重要的影响。政府为了鼓励优势产业的发展，会出台相关的优惠政策、完善相关配套设施，这对创业者来说是一种宝贵的资源。产业集群产生的规模效应使本地区的产业在外界具有较高的知名度，使生产的产品可以更好地流入市场。因此，结合本地产业优势的项目会加大成功的可能性。

（2）我们的生活需求。生活中人们常常会遇到不同的困难，比如小区投递不方便，宠物看病难，周边没有环境优雅、用来朋友聚会闲谈的咖啡厅等，这些需求都可以成为创意的来源，成为我们的创业机会。

第四，项目综合分析。从自身兴趣爱好出发的项目是我们想做的项目；结合我们所学专业、能力及资源来考虑的项目，是我们所能做到的项目；从生活实际、地区产业背景出发，满足市场需求的项目是我们可以做的项目。但是，项目的最佳选择则是在法律政策允许的范围内同时符合三方面要求的创业项目。

如果中职生勤于思考，敏于观察，善于分析，会有很多创业机会的。但唯有充分考虑各方面的因素，对主客观情况进行比较分析得出的最佳方案，才切实可行，易于成功。

创业中项目选择很重要，一个优秀的创业项目，可以获得可观的经济利益；一个普通的创业项目，在激烈的市场竞争中，将举步维艰。

三、创业项目的评估

当你选择了创业项目后，你要评估一下创业项目的可行性以及风险，因为创业项目的好坏直接或间接地影响到创业后企业的发展情况。一般情况下，我们可以用 SWOT 分析方法来进行创业项目可行性强弱的甄别。

SWOT 分析方法是一种企业内部分析方法，它是根据企业自身的既定内外在条件进行分析，找出企业的优势、劣势、机会、威胁，分析企业核心竞争力所在的方法。其中，优势的英文是 strength，故用 S 代表；弱势的英文是 weakness，用 W 代表；机会的英文是 opportunity，用 O 代表；威胁的英文是 threat，用 T 代表。S、W 是内部因素，O、T 是外部因素。

S——优势是指你想创办企业的优势。例如，产品款式好、质量好；提供的服务独一无二；技术水平很高；商店的位置交通便利、人流量多；产品品牌知名度高、信誉好；人脉资源丰富；资金实力雄厚；团队成员能力强干劲高；产品更新快；管理能力强；有较多的客户；能够充分利用移动互联网的优势进行线上推广和线下消费的互动等。

W——劣势是指你打算创办的企业的弱势。例如，设备陈旧、产品质量不好、经营成本高；没有资金、服务质量差、品牌知名度低；团队成员意见不一致、竞争者多、竞争激烈；产品性价比低、产品不适合消费者需求；没有销售经验、销售方式传统；人员管理松懈、工作效率低下等。

O——机会是指周边地区存在的对企业有利的事情。例如，产品的独特性，在现有市场上没有同类产品，区域内没有竞争对手；产品的质量好；服务品质受到消费者的认可；品牌形象好；独特的企业文化和先进的管理模式；新的商业模式和新的盈利方式等。

T——威胁是指周边地区存在的对企业不利的事情。例如，区域内有较多的竞争对手，提供的产品和服务雷同，大家为了吸引更多的客户，在不断地低价倾销产品；原材料价格上涨，员工成本上升，导致生产运营成本增加；产品销售价格上浮困难，导致利润降低；产品更新快，新产品的出现导致消费者的流失；人们的消费理念发生变化，不知道你的产品还能存在多久等。

根据 SWOT 分析的结果，如果项目合适，可行性强，那么就继续往下做；如果项目不够理想，风险大，那么就要进一步去修改完善；如果项目不合适，那么就应该舍弃，重新选择。

创业项目的选择最终要由创业者自己决定。除了以上所讲到的选择创业项目思路和对创业项目进行评估的方法以外，创业者还可以广泛听取专家、成功企业家的建议，结合自己的调查研究使自己的决策更切实可行。

案例：两个推销员

两家鞋业制造公司分别派出一个业务员去开拓市场，一个叫杰克逊，一个叫板井。在同一天，他们两个人来到了太平洋的一个岛国，到达当日，他们就发现当地人全都赤足，不穿鞋！从国王到贫民，从僧侣到贵妇，竟然无人穿鞋子。当晚，杰克逊向国内总部的老板拍了电报，"上帝啊，这里的人从不穿鞋子，有谁还会买鞋子呢？我明天就回去。"

板井也向国内公司的总部拍了电报，"太好了，这里的人都不穿鞋子。我决定把家搬来，在此长期驻扎下去！"

两年后，这里的人都穿上了鞋子。

许多人常常抱怨难以开拓新市场，事实是新市场就在你的面前，看你怎样发现它。我们再看一个案例。

案例：李嘉诚是如何识别创业机会并取得成功的？

李嘉诚先生很早的时候就步入社会，担负起家庭重担。后来他去意大利苦学技术，回港后自己研制并开发塑胶花，挖到了属于自己的第一桶金。公司不断地壮大后，他又涉足房地产等。

判断力不是老天赐给我们的礼物，而是刻苦读书、不断学习才能学到的本领。李嘉诚先生说："求知是最重要的环节，不管工作多忙，我都坚持学习。白天工作再累，临睡前，我都要斜靠床头翻阅经济类杂志，我从中汲取了大量的知识和信息，我的判断力由此而来。"1957年，李嘉诚突然决定，塑胶厂不再生产玩具和家庭用品，改为生产供家庭装饰用的塑胶花。当时，第二次世界大战已结束12年，世界各国的经济开始复苏，香港的转口贸易步入一个黄金时代，李嘉诚据此推断，随着生活水平的蒸蒸日上，人们的消费观念也会大大改变，人们对室内装饰、美化的需求将日益增强，所以，塑胶花受到人们的青睐几乎是必定无疑的事。

实战训练

1. 通过学习本节内容，你会选择什么创业项目？你将如何评估你的创业项目？

2. 你认为身边哪些项目有市场，你愿意做哪个项目？可以先和同学、家人、朋友聊聊，然后填空。

（1）你所在的区域为_____。

（2）你要从事的工作或创业是_____，原因是_____

_____。

（3）对你选择的工作或创业项目进行 SWOT 分析。

优势：_____

_____

_____

劣势：_____

_____

_____

机会：_____

_____

_____

威胁：_____

_____

_____

拓展阅读

沃尔玛案例 SWOT 分析

1. 优势（S）

（1）沃尔玛是著名的零售业品牌，它以物美价廉、货物繁多和一站式购物而闻名。

（2）沃尔玛的销售额有明显增长，并且在全球范围内进行扩张。（例如，它收购了英国的零售商 ASDA）

（3）沃尔玛的一个核心竞争力是由先进的信息技术所支持的国际化物流系统。例如，在该系统支持下，每一件商品在全国范围内的每一间卖场的运输、销售、储存等物流信息都可以清晰地被看到。

（4）沃尔玛的一个焦点战略是人力资源的开发和管理。优秀的人才是商业成功的关键因素，为此沃尔玛投入时间和金钱对优秀员工进行培训并建立忠诚度。

2．劣势（W）

（1）沃尔玛建立了世界上最大的食品零售帝国，尽管它在信息技术上拥有优势，但因为其巨大的业务拓展，这可能导致对某些领域的控制力不够强。

（2）因为沃尔玛的商品涵盖了服装、食品等多个部门，它可能在适应性上比起更加专注于某一领域的竞争对手存在劣势。

（3）该公司是全球化的，但是只开拓了少数几个国家的市场。

3．机会（O）

（1）采取收购、合并或者战略联盟的方式与其他国际零售商合作，专注于欧洲或者大中华区等特定市场。

（2）沃尔玛的卖场当前只开设在少数几个国家，因此，拓展市场可以带来大量的机会。

（3）沃尔玛可以通过新的商场地点和商场形式来获得市场开发的机会。更接近消费者的商场和建立在购物中心内部的商店可以使过去仅仅是大型超市的经营方式变得多样化。

（4）沃尔玛的机会存在于对现有大型超市战略的坚持。

4．威胁（T）

（1）沃尔玛在零售业的领头羊地位使其成为所有竞争对手的赶超目标。

（2）沃尔玛的全球化战略使其可能在其业务国家遇到政治上的问题。

（3）多种消费品的成本趋向下降，原因是制造成本的降低。造成制造成本降低的主要原因是生产外包趋向于世界上的低成本地区，这导致了价格竞争，并在一些领域内造成了通货紧缩，因此恶性价格竞争成了沃尔玛的一个威胁。

第二节　创建新企业

故事启示

人总会摔跤

有个人在路上走，不小心突然跌了一跤，他嘀咕了一句，真倒霉！爬起来拍干净身上的土，又继续赶路了。

走了不大一会儿，他脚下一绊，又摔了一跤，这次他不由气恼地说："早知道还要摔跤，上次我就不爬起来了。"

想一想：这则诙谐的小故事，究竟告诉了我们什么道理？

知识储备

一、选择企业组织形式

按照企业投资人出资方式和责任形式可将企业分为公司企业、合伙企业和个人独资企业，这种对企业的分类方式被称为现代企业法律形态。企业的法律形态主要有三种基本类型。独资企业是以一个自然人投资，并对企业事务有完全控制支配权的企业。合伙制企业是两人以上以营利为目的，依照合伙协议共同投资、共同经营、共享收益、共负盈亏、共担风险的企业。公司制企业是由若干承担有限责任的股东组成的独立法人主体。

企业选择适当的组织形式，需要考虑七个方面因素：①法律上对某些产业、行业的限制；②投资者的责任大小；③税负；④组织正式化程度与运营成本；⑤企业经营期限；⑥管理集权化；⑦权益移转的自由度。

创业者如果既想比较容易的创办企业，又想规避无限责任的风险，那么有限责任公司应该是最好的选择。

二、创业融资

资金是企业生存和发展的重要命脉，没有资金，再好的创意也难以转化为现实的生产力。对创业者来说，能否快速、高效地筹集到资金，是创业是否成功的至关重要的因素。有一项调查显示，有四成的在校生认为"资金是创业的最大困难"。因此，中职生要了解筹资渠道，巧用政策，开拓思路，保证资金的到位。

创业者一般可选择以下几个筹资渠道。

（一）自筹

企业在创业初期，贷款能力有限，企业基本上要通过自筹方式获得。这部分资金可以是自己的多年积蓄或是向亲戚、朋友、同书、同学等借的钱。但是，创业者，尤其是创办有限责任公司形式的创业者，要想掌握控制权，必须有相当一部分自有资金。如果全部依赖他人的资金，而自己却赤手空拳来经营事业，这不是很好的事。原则上，拥有最大股权的合伙人掌握主导权。这是创业者首先必须具备的经济观念。

（二）股权融资

所谓股权融资是指企业的股东愿意让出部分企业所有权，通过企业增资的方式引进新的股东的融资方式。股权融资所获得的资金，企业无须还本付息，但新股东将与老股东一同分享企业的赢利。

对大多数创业者来说，通过向合伙人出让部分企业股份来获得股权资金，可以充实企业的营运资金，也可以用于企业的投资活动。因此，股权融资也是创业者筹资的一个重要形式。

（三）银行借贷

如果股权资本资源有限，创业者就可以考虑向银行借款。但是大部分学生创办的企业都是小企业，银行对小企业贷款控制非常严格，从银行借钱并不是件很容易的事。银行只会在确信其贷款损失的风险非常低的情况下才会同意贷款，所以只会贷给银行较为了解的客户。如果希望将来能从银行贷款，那么最好及早与当地银行人士建立联系。

（四）风险投资

所谓风险投资，是指对处于创建期和成长期的高科技企业进行股权或债权投资，并参与企业管理，以期获得较高报酬率。风险投资市场在国外发展比较成熟，现在一批国际知名企业，如微软、阿里巴巴、苹果，最初都得到过风险投资的扶持。

（五）财政资金

创业者还要善于利用政府扶持政策，从政府方面获得融资支持。例如，国家针对下岗失业人员的再就业问题专门提供小额担保贷款，针对科技型企业设立专门的科技型中小企业技术创新基金，针对中小企业专门设立中小企业国际市场开拓资金，为鼓励青年创业推出中国青年创业小额贷款项目，等等。另外，还有许多其他地方性优惠政策。中职生创业要仔细研究并充分利用相关政策和扶持，以达到事半功倍的效果。

三、企业登记注册

确立了企业类型后，创业者需要到当地工商管理部门进行企业工商登记，获取合法经营权。创办新企业注册步骤为：到工商局领取注册登记相关资料，办理名称核准、到银行开设临时账户、办理验资证明、到工商局登记资料、领取营业执照及发布公告等事宜。

四、企业选址

（一）企业选址的重要性

企业选址是关系企业成败的重要因素，也是创业初期就必须考虑的几个问题之一。一个好的地理位置虽然仅仅使一个普通企业得以"安身"，但一个糟糕的地理位置却足以使一个优秀的企业一败涂地。

因此，创业者应该仔细了解做出正确选址决策所需的信息和技能，慎选企业地址。企业除了确定企业场地外，还要考虑到租赁场地的期限、付款方式、停车场地及营运成本。当然，企业类型不同，创业者考虑的因素也会不同。

（二）选择具体位置的程序

第一步，列出"必需的"和"希望的"选址条件。

第二步，对照选址条件，剔除不合要求的选项，确定被选地点。

第三步，造访被选地点，选择两三处比较合适的，特别注意那些关系生意成败的关键因素。

第四步，做客流情况统计。计算每个地点每天各时段通过的人流、车流情况，以便推算潜在消费者数量。

第五步，向有经验人士和该地区的生意人征询意见，以做参考。

第六步，综合分析收集到的各种信息和意见，做出企业选址决定。

五、员工招聘和定岗

招聘新员工对应聘者和创业者来说都相当重要。它既可能是一种互利关系的开始，也可能是一系列错误的开端。影响员工流转的两个主要因素：一是招聘程序，二是选择程序。为了减少员工流失，创业者有必要发布招聘广告、处理应聘者的申请材料、举行面试、选择新员工并为他们配置工作。

潜在员工的来源包括：①企业内部提拔；②招聘广告；③教育机构；④就业中介；⑤以前的员工推荐；⑥在职员工推荐。

选择员工的程序：①接收申请材料；②面试；③核实应聘者的相关信息；④应聘者的技能测试。

实战训练

1. 如果你去创业，你会选择哪种企业类型？请说明你选择这种企业类型的理由。

2. 毕业后开始创业，你大概能筹集到多少创业资金？你打算用哪几种方式筹集？

3. 请你拟一份招聘员工的广告。

拓展阅读

肯德基选址的秘密

肯德基作为全球快餐连锁企业巨头，对选址是非常重视的。它的选址决策一般是二级审批制，通过两个委员会的同意，一个是地方公司，另一个是总部。其选址成功率几乎是百分之百，这是肯德基的核心竞争力之一。

肯德基选址通常按以下几步骤进行：

一、商圈的划分与选择

1. 划分商圈

肯德基计划进入某城市，就先通过有关部门或专业调查公司收集这个地区的资料，把资料收集齐了，才开始规划商圈。商圈规划采取的是计分的方法，例如，这个地区有一个大型商场，商场营业额在1000万元算一分，5000万元算五分，有一条公交线路加多少分，有一条地铁线路加多少分。这些分值标准是多年平均下来的一个较准确的经验值。通过打分把商圈分成好几类，以北京为例，有市级商业型、区级商业型、定点消费型、还有社区型、社商务两用型、旅游型等。

2. 选择商圈

在商圈选择的标准上，一方面要考虑餐馆自身的市场定位；另一方面要考虑商圈的稳定度和成熟度。餐馆的市场定位不同，吸引的顾客群不一样，商圈的选择也就不同。例如马兰拉面和肯德基的市场定位不同，顾客群不一样，是两个"相交"的圆，有人吃肯德基也吃马兰拉面。而肯德基与麦当劳市场定位相似，顾客群基本上重合，所以在商圈选择方面也是一样的。可以看到，有些地方同一条街的两边，一边是麦当劳另一边是肯德基。

二、聚客点的测算与选择

要确定这个商圈内最主要的聚客点在哪。例如，北京西单是很成熟的商圈，但不可能西单任何位置都是聚客点。肯德基开店的原则是：努力争取在最聚客的地方和其附近开店，如古语所说"一步差三市"。这跟人流活动的线路有关，可能有人走到这，该拐弯，则这个地方就是客人到不了的地方，生意就差很多。这些在选址时都要考虑进去。人流动线是怎样的，人从地铁出来后是往哪个方向走等等，这些都会派人去掐表，去测量，有一套完整的数据之后才能据此确定地址。肯德基选址人员将采集来的人流数据输入专用的计算机软件，就可以测算出，在此地投资额不能超过多少，超过多少这家店就不能开。

商圈有没有主要聚客点是这个商圈成熟度的重要标志。为了规划好商圈，肯德基开发部门投入了巨大的努力。以北京肯德基公司为例，其开发部人员常年跑遍北京各个角落，对这个建筑和道路每年都有极大变化、当地人都易迷路的地方了如指掌。在北京，肯德基已经根据自己的调查划分出的商圈，成功开出了56家餐厅。

有了店址的评估标准，快餐连锁企业就可以开发出一套店址的评估工具，它主要由下面几个表格组成：租赁条件表、商圈及竞争条件表、现场情况表、综合评估表。

案例：马化腾：曾经缺钱想把 QQ 卖掉

当时的 QQ 只是腾讯的副产品，在朋友的劝说下，马化腾开始想要卖掉 QQ。然而在谈判中，一些 ICP 要求独家买断，这让本想靠 QQ 软件多卖几家公司赚钱的马化腾非常犹豫。QQ 卖不掉，但用户增长却很快，运营投入越来越大，马化腾只好四处筹钱。银行没听说过凭"用户注册量"可以办抵押贷款的，国内投资商关心的不是技术，而是腾讯有多少固定资产。一连谈了 4 家都没有达到底线，马化腾决定留下 QQ 自己养大。

案例：宗庆后：前半生郁郁不得志 42 岁开始创业

1963 年，初中毕业后，为了减轻家庭负担，宗庆后去了舟山一个农场，几年后辗转于绍兴的一个茶场。再后来，大批知青相继下乡，宗庆后可以说是知青中的先遣人员了。

在海滩上挖盐、晒盐、挑盐，在茶场种茶，割稻，烧窑，那时的宗庆后与其他任何年轻人一样，"脑袋里有过各种各样的梦想"，"总想出人头地，总想做点事情"。然而，在被命运之神遗忘的农村，宗庆后一待就是足足 15 年。逃避灰色生活的唯一途径，就是四处找些书来看。

1978 年，随着知青的大批返城，33 岁的宗庆后回到杭州，在校办厂做推销员，10 年里辗转于几家校办企业，依然郁郁不得志。待到他开始创业的时候，已经是一个 42 岁的沉默的中年男子。

1987 年，当 42 岁的宗庆后拉着"黄鱼车"奔走在杭州的街头推销冰棒时，他大概不会想到：十多年后，他一手缔造的娃哈哈集团会成为中国最大的饮料企业。谈及自己的创业经验，宗庆后的回答很简单："创业靠的就是感觉，我可能感觉比较准确吧。"

第三节　市场营销计划

故事启示

聪明的报童

某一地区，有两个报童在卖同一份报纸，两个人是竞争对手。第一个报童很勤奋，每天沿街叫卖，嗓子也很响亮，可每天卖出的报纸并不很多，而且还有减少的趋势。

第二个报童肯用脑子，除了沿街叫卖，他还每天坚持去一些固定场合，去了后就给大家分发报纸，过一会再来收钱。地方越跑越熟，报纸卖出去的也就越来越多，当然也有些损耗。而第一个报童卖出去的报越来越少，最后不得不另谋生路了。

想一想：第二个报童的做法有何深意？

第一，在一个固定的地区，对同一份报纸，读者客户是有限的。买了我的，就不会买他的，我先将报纸发出去，这个拿到报纸的人，是肯定不会去再买别人的报纸。等于我先占领的市场，我赚得越多，竞争对手的市场就越小。这对竞争对手的利润和信心都构成了打击。

第二，报纸这个东西不像别的消费品有复杂的决策过程，随机性购买多，一般不会因质量问题而退货。而且钱数不多，大家也不会不给钱，今天没有零钱，明天也会给，不会为难小孩子。

第三，即使有人看了报，退报不给钱，也没有什么关系，一则总会有积压的报纸，二来他已经看过了报纸，肯定不会再买同一份了。他还是自己的潜在客户。

知识储备

一、市场营销策略

通过市场分析掌握了顾客和同行竞争者的情况后，你就可以准备自己的市场营销策略了。

什么是营销？很多人将营销和推销混为一谈，认为营销就是推销。其实，推销仅仅是营销的一部分，营销的内涵远远比推销要广。按照美国管理学大师德鲁克的说法，营销的任务在于发现未被满足的需求，并准备好令人满意的解决方法。

制订市场营销计划的一种方法是从市场营销的四个方面，即产品（product）、价格（price）、地点（place）和促销（promotion）着手，由于这四个词的英文首字母都是 P，所以简称为"市场营销 4P 法"。

1. 产品

产品是指你计划向顾客销售的东西。你要决定你预售产品的类型、质量、颜色和规格等。

如果你的企业是服务型企业，那么你的产品即你所提供的服务。例如，文秘类企业提供的打字、记账和影印等。如果你是零售商或批发商，产品是指那些性能、价格和消费需求相近的一类物品。除此之外，还包含与产品或服务自身有关的产品质量、包装附带的产品说明书、售后服务、维修和零配件供应等。

2. 价格

价格是你用产品要换回的钱数。确定产品后，你要为其定价。在制定产品价格时，你必须知道：你的产品的成本、顾客愿意出多少钱买你的产品、竞争者同类产品的价格。产品的实际收入还会受其他因素的影响，如产品打折和赊销。

3. 地点

地点是指你把自己的企业设在什么地方。如果你计划开办零售店或服务企业，你必须把它设在离顾客较近的地方，便于顾客光临你的店铺。如果你从事制造业，最重要的是能否方便获得生产所需的原材料。因此，工厂或车间应设在离原材料供应商较近的地方。

4. 促销

促销是指把你企业的产品信息传递给顾客，吸引他们来购买你的产品。

促销通常有三种方法。①广告。向你的顾客提供产品信息，让他们有兴趣购买你的产品。你可以通过报纸或广播做广告。招贴画、小册子、价格表和名片也是给你的企业和产品做广告的方法。②宣传。在地方报纸或杂志上刊登介绍你的新企业的文章，从而达到宣传的目的。③销售促销。当顾客来到你的企业或以其他方式与你接触时，你要想方设法让他们买你的产品。促销的手段很多，例如，你可以用醒目的陈列、展示、竞赛活动吸引顾客，也可以用买一赠一的方式，刺激顾客的购买欲。要先了解你的竞争对手使用的促销方法，然后再决定你自己企业的促销方式。

案例：推销梳子

"木梳是用来梳头发的，和尚是没有头发的，怎么才能让和尚买木梳？"这是一家公司在招聘业务主管时的一道面试题。以下是对这个销售小故事的详细介绍，可供参考。

一家大公司因扩大经营需要招聘业务主管，报名者云集，招聘主事者见状灵机一动，相马不如赛马，决定让应聘者把木梳卖给和尚，以十天为限，卖得多者胜出。绝大多数应聘者愤怒地说："出家人要木梳何用？这不是拿人开玩笑吗！"最后只有三个人应试。

十天一到，主事者问第一个回来的应试者："卖出多少把？"回答是："一把。"并且历经辛苦，直到找到一个有头癣的小和尚才卖出一把。

第二个应试者回来，主事者问："卖出多少把？"回答是："十把。"并说是跑到一座著名寺院，找到住持说山风吹乱了香客头发对佛不敬，住持才买了十把给香客用。

第三个应试者回来，主事者问："卖出多少把？"回答是："1000 把。不够用还要增加。"主事者惊问："是怎么卖的？"

应试者说："我到一个香火很盛的深山宝刹，香客络绎不绝。我找到住持说，来进香的善男信女都有一颗虔诚的心，宝刹应该有回赠作为纪念，我有一批木梳，住持书法超群，可以刻上"积善梳"三个字做赠品。住持大喜，我带的 1000 把全部要了。得到梳子的香客也很高兴，香火更加兴旺，住持还要我再卖给他梳子。"

把木梳卖给和尚，听起来匪夷所思，但在别人认为不可能的地方开发出新的市场，那才是真正的营销高手。不同的思维，将引领不同的做法，导致不同的结果。

实战训练

1．根据你选择的项目，对本地区类似的企业进行调查，看看他们采取了哪些营销策略。

2．分组讨论：针对本地区房地产的竞争销售情况，从市场营销的四个方面，即产品、价格、地点和促销，对比一下他们各自的营销手段。

拓展阅读

唯品会营销 4P 策略分析

作为众多购物网站的先行者和领导者，唯品会的销售模式正在改变传统网络营销策略。本文在分析唯品会的购物模式和网站经营模式基础上，从 4P 角度阐述唯品会的营销策略。

唯品会名牌时尚折扣网，是唯品会信息科技有限公司注入巨资打造的中高端名牌特卖的新型网站，其总部在广州，并在上海、北京设立分公司，深圳设立办事处。唯品会的创始人洪晓波和沈亚是做贸易起家，同时也具有时尚的眼光，在高管团队中也不乏零售行家，COO 此前为当当副总裁，熟悉中国电子商务行业。精英管理团队加上名品正品限时折扣，成为唯品会成功的两大法宝。海外限时限量抢购网站的模式，能减少品牌厂商的库存压力和回笼资金，而且不会影响品牌形象。在借鉴上述购物网站模式成功经验基础上，结合中国网络购物网站的实情和消费者消费行为模式的特点，唯品会成功地获得了"中国在线零售 30 强"、2010 年"品牌中国最佳综合购物平台"等荣誉。唯品会从 2008 年上线，与京东、当当、卓越等大型 B2C 网站共同跻身 30 强，排名第 17 位，同时也在名牌折扣 B2C 中排行 No. 1。从榜中数据可见，唯品会的转化率达到了 2.08%，远远超过了榜中企业转化率的平均水平。

唯品会目标消费群体范围之广，日成交量之高，得益于成功的营销策略，具体分析如下。

1．产品策略

产品品牌策略。每天上午十点准时在线限时售卖一二线名牌，既满足高消费人群对品牌的挑剔要求，又满足中低收入人群对品牌的向往。唯品会的明智之举在于舍弃一线顶级奢侈品牌，瞄准了阿迪达斯、耐克、菲利浦、Esprit、安莉芳、欧时力等中国消费者更熟悉的一二线品牌，对于熟悉的品牌消费者在挑选时比较方便。消费者对产品的购买从现实需求转向心理需求，品牌的出现能够代表购买者的品位和地位，彰显时代的气息和魅力。唯品会所提供商品均为 100%正品，保证每个品牌提供多种的时尚单品和搭配商品，满足消费者对时尚的要求。同时，每天多品牌同时上线，极大地吸引消费者，激发其购买欲望。

产品种类较齐全。唯品会的产品范围覆盖服装、鞋帽、儿童用品、小家电、化妆品、潮流配件、家居用品等。同时满足消费者的多种需求，一站式购物，方便快捷。消费者在网站上停留的时间越长、所选购的商品越多，越会发现潜在需求的商品，这样统一下订单，统一发货，免去重复收件的麻烦。

注重产品时尚感。心理产品给顾客提供心理上的满足感，随着生活水平的提高，人们对产品的品牌和形象看得越来越重。唯品会牢牢地抓住这种心理产品的影响，在服装的展示上，提倡搭配度较高的商品，时尚感较强的进行售卖，这样，在选购一件上衣的同时就可以搭配出一套服装，甚至是鞋和包。除服装产品外，家居产品也是注重利用充满时尚感的产品进行促销。

注重包装的时尚感。唯品会专用的包装袋和包装盒，采用粉色装饰，加上大大的VIPSHOP 的标志，在众多快递包装中十分醒目，既起到保护商品不受损伤的作用，又是很好的广告宣传途径。

注重商品品质。保证 100%正品，在进货和出货时，有两次品质筛选。商品正品保证，是唯品会与其他购物网站的最主要区别，消费者在选购商品时，不需要考虑商品质量问题，避免多方寻找类似商品的问题。100%正品，使消费者在唯品会上购买有了在大型百货商店购物的保障，极大地提高网站信誉，从而吸引更多消费者长期持续关注，并带动更多潜在消费者加入到唯品会购物的行列。

2．价格策略

对供货商的价格策略——最低特许折扣。与一般的网上购物平台相比，唯品会实行"零库存"模式，每周开售 4 期，每期推出 8～12 个品牌。限售时间一到，库存商品马上从仓库撤掉，腾出空位上架新的单品，这样每个品牌单品在仓库滞留的时间不超过 8天，极大地缩短了与供货商的结账周期。唯品会结账周期最短为两周，大大减少品牌商的现金流压力。

与进入大型百货商场相比，免去巨额进场费和10%的销售提成，而且销售款先进入商场的收银系统，结算周期一般在 3 个月。唯品会设计定金先付及一个月内结算的原则，避免因结算周期长，造成供货商资金回笼慢的现象，从而增加对供应商的吸引力。

对消费者的价格策略——产品限时折扣、最低折扣。服装等生活消费品在普通消费者的购买决策过程中，最敏感的决策因素便是价格，打折对于消费者来说，最具吸引力，并且打折还能够买到品牌的正品，增强了消费者的购买动力。限时，是催促消费者在较短时间下订单的动力，避免消费者因考虑是否购买而耽误交易时间。一旦消费者因为这期没有抢购到心仪的商品，还会继续关注下一期该品牌的在线限时折扣售卖，将消费者"钓"在唯品会网站上。

3. 渠道策略

商品限时销售，减少库存，及时补充新品，与同一品牌在一年内合作不超过 6 个档期，每个档期只有 8 天左右，能有效避免供应商传统渠道的冲击，从而维护品牌形象。限时售卖，缩短商品在库时间，能够及时腾出有限的库存空间来存放下一期限时售卖的商品，对提高合作品牌的商品流通性大有益处。

大区物流中心，集中发货。唯品会将全国市场划分为 4 大区域——华南、华东、华北和西南，根据网购者 IP 地址予以归类，同一时段各个区域销售的品牌及销售网页完全不同。同一品牌不能在一个地区长期销售，但在四大区域市场可以错开销售。根据各个区域的购买特点设置大区物流中心，减少订单的送达时间，缩短了退货的周期，提高交易成功概率。从消费者退货角度来分析，统一区域退货也缩短了唯品会网站和消费者收到货物和退款的时间，减少物流压力。商品在最短时间退回，减少库存压力。

4. 促销策略

"名品折扣+限时抢购"，作为唯品会最具鲜明特征的促销策略，取得非常成功的促销效果。唯品会现在的经营模式是网站决定消费者买什么，是限时限量的会员特权，这种商务模式强调消费者在购物过程中抢购的快感，进一步使网站拥有主导权。消费者的购买行为主要取决于消费者的购买欲望，而这种欲望非常容易受到企业促销等外界因素的影响，具有较强的可诱导性。名牌商品是消费者购买过程中比较愿意追求的，品牌代表了消费者的消费观念，体现购买者和使用者的品位，而商品本身也传递着品牌背后的故事，具有明显的设计理念。限时折扣能够增加消费者下订单的紧迫感，从而促进成交量的大幅度提升。有许多受欢迎的品牌常常会因消费者没有及时下订单而错过了自己喜欢的商品，这样，在消费者心中形成一种失望，继而，还会持续关注唯品会下一期该品牌的特卖。对于女性消费者来说，错过一件适合自己的衣服或是一双鞋、一个包包，是一件很遗憾的事情。

(1) 积分促销。唯品会针对会员的购买情况，进行相应积分，成交金额越高，积分越多。在一定的积分基础上，可以换购相应档次的商品，消费者通过多次购买来增加积分以获得奖品。积分促销在网络上的应用比起传统营销方式要简单和易操作。网上积分活动很容易通过编程和数据库等来实现，并且结果可信度很高，操作起来相对较为简便。唯品会的积分促销提供多种商品，这样，增加上网者访问网站和参加某项活动的次数，增加上网者对网站的忠诚度。

(2) 节假日的促销。利用节假日特殊时期进行某类商品的促销，是多数网购网站常用的促销策略。唯品会目前也会根据节假日的临近，提前进行宣传，预告促销活动的品牌和折扣情况。一方面，节假日消费者都是抱着参加优惠活动、购买打折促销商品的心理；另一方面，节日需要有特殊的商品来配合节日气氛，适时推出特价商品更多地带动消费。

（3）广告策略。随着近年网络购物网站的竞争激烈，唯品会开始在电视等媒体上做广告进行大力度宣传。唯品会的广告以女性为主，以宣传只做品牌特卖为主要特点，将唯品会的鲜明特征展现在观众面前。对于以销售生活用品为主的购物网站，选择电视这种能够直接传播到大众的广告媒体，从所销售产品性质来分析，是正确的广告策略；从媒体传播范围来分析，电视媒体在全国各地都有受众，传播范围极其广泛，媒体传播范围越大，广告信息传播的影响越大，唯品会的电视广告在主要的几个省级卫视播放，传播范围相当广泛。

唯品会网络营销策略运用的成功，证明了网络购物和网络营销带给中国市场的影响是不可忽略的。唯品会会在未来的经营过程中，获得更多的主动权，赚取更多的利润，走上良性循环的道路，也为国内电商的发展，提供可借鉴之处。

（资料来源：http://www.taodocs.com/p-15163624.html）

第八章

融 入 社 会

创业不是一朝一夕完成的。中职生要成为一个成功的创业者,必须融入社会,制定创业计划,按照计划进行,并且利用创业计划去寻找合伙人或募得创业基金。创业者要勤于学习与创业有关的法律法规,比如了解企业的法律形态,用工合同、租赁合同、环境保护、知识产权保护和依法纳税等方面的相关知识。现在是"互联网+"时代,创业者要加强互联网方面知识的学习,充分利用电子商务、移动互联网、物联网和微信等新技术、新应用,进行互联网创业。

第一节　创业计划书

故事启示

大学生开发 APP 获巨额投资

李凯是武汉纺织大学大四学生,与他同龄的古望军就读于湖北工业大学。两人是高中同学,双双由外地考到武汉读书。去年,两个好兄弟又决定一起考研。

在考研复习数学时,古望军每当遇到难题不会解答,就会上网搜索,但常常找不到答案。各大考研资料社区大多是文本材料下载,没有题库搜索能力;论坛发问,得到的答案却并不权威……

古望军和李凯碰面交流时"吐槽":为什么中小学都有这样的问答类 APP,唯独大学这一块是空白?两人灵光一闪:能不能做一个大学生的学习问答社区,方便大家在考研、英语四六级考试,乃至各种考证的过程中实现互助学习?

"边学边问"应运而生。他们开发的这款 APP,是针对大学生群体打造的问答平台,使用者可以将问题发到 APP,由系统、网上高手或老师给出解答过程和思路。同时,还可以为用户提供高质量的考试考证经验、课程视频、学习笔记等内容,以及周边院校的讲座、选课指南及老师在线课程等。同时，APP附加社交功能，设有"学霸圈"、"留学圈"、"四六级圈"等多个圈子，供大学生"扎堆"。

李凯回忆，创业初期，他们没有贸然开始 APP 开发，而是进行充分的市场调研。他们将市面上可以找到的所有问答类 APP，将其下载到手机上试用，最后选择 5 个进行详细"解剖"，逐一分析各自的优劣。一个月后，他们决定在采用文字录入模式的同时，加入一键拍照的方法，采取图像识别技术，从图片中提取文字，再匹配题库。

1 月中旬，项目团队正式入驻光谷创业咖啡，准备参加今年首场青桐汇路演，路演时间 5 分钟。为了准备路演，他们特地撰写了创业计划书并制作 PPT，在光谷创业咖啡工作人员指点下，对 PPT 进行了三次大改。1 月 24 日，古望军穿着租来的西装登上路演舞台，由于创业"角度刁"、项目特点突出，当场就有投资人表达了投资意向。

想一想：

1. 你从上面的小故事中得到了什么启示？
2. 在产品还未上线的情况下就获得了投资，有何秘诀？
3. 300 万投资在路演当场敲定，根据这种情况讨论创业计划书从中起到的重要作用。

（资料来源：武汉日报，2015 年 3 月 16 日，A21）

知识储备

一、创业计划书的定义和意义

我们从小到大都需要给自己订好计划，比如我们上学的时候，制定学期计划，假期里制定假期计划，一次旅游制定旅游计划等，有了计划做事就能事半功倍，反之，事情可能事倍功半。世界有很多专业的机构进行过这类调查，结果调查显示制定计划的人做事情成功的比例一般可以达到 80%左右，而不做计划的人成功比例很低。

当你选定了创业目标，并且资金、人脉和市场等各方面的条件都已准备妥当，这时候，就必须制定出一份完整的创业计划书。创业计划是创业者叩响投资者大门的"敲门砖"，是创业者计划创业内容的书面摘要。一份优秀的创业计划书往往会使创业者达到事半功倍的效果。

根据实际情况制定了一份详细而又切实可行的创业计划书，首先有利于把握发展方向，能让创业者清楚明白自己的创业内容，坚定创业的目标；其次，创业者可以借着创业计划书去说服他人合资、入股，甚至可以募得一笔创业基金。

二、创业计划书的基本内容

制定计划书应把握住 3 个主要内容：自己想做什么、社会需要什么、自己拥有什么资源，其具体内容则包括以下 11 个方面。

1. 封面

封面的设计要有审美观和艺术性，一个好的封面会使阅读者产生最初的好感，形成良好的第一印象。

2. 计划摘要

计划摘要涵盖了计划的要点，以求一目了然，以便读者能在最短的时间内评审计划并作出判断。

计划摘要一般包括以下内容：公司介绍，管理者及其组织，主要产品和业务范围，市场概貌，营销策略，销售计划，生产管理计划，财务计划，资金需求状况等。

计划摘要要尽量简明、生动，特别要说明企业的不同之处以及企业获取成功的市场因素。

3. 企业介绍

企业介绍的目的不是描述整个计划，也不是提供另外一个概要，而是对你的公司做出介绍，因此它的重点是公司理念和如何制定公司的战略目标。

4. 行业分析

在行业分析中，应该正确评价所选行业的基本特点、竞争状况以及未来的发展趋势等。

行业分析中包含的典型问题：

（1）该行业发展前景如何？现在的发展动态如何？

（2）创新和技术进步在该行业扮演着一个怎样的角色？

（3）该行业的总销售额有多少？总收入为多少？发展趋势怎样？

（4）价格趋向如何？

（5）经济发展对该行业的影响程度如何？政府是如何影响该行业的？

（6）是什么因素决定着它的发展？

（7）竞争的本质是什么？你将采取什么样的战略？

（8）进入该行业的障碍是什么？你将如何克服？该行业典型的回报率有多少？

5. 产品（服务）介绍

产品介绍应包括以下内容：产品的概念、性能及特性；主要产品介绍；产品的市场竞争力；产品的研究和开发过程；发展新产品的计划和成本分析；产品的市场前景预测；产品的品牌和专利等。

在产品（服务）介绍部分，企业家要对产品（服务）做出详细的说明，说明要准确，也要通俗易懂，使不是专业人员的投资者也能明白。一般情况下，产品介绍都要附上产品原型、照片或其他介绍。

6. 人员及组织结构

在企业的生产活动中，存在着人力资源管理、技术管理、财务管理、作业管理、产品管理等等，而人力资源管理是其中很重要的一个环节。

社会发展到今天，人已经成为最宝贵的资源，这是由人的主动性和创造性决定的。企业要管理好这种资源，就是要遵循科学的原则和方法。

在创业计划书中，必须要对主要管理人员加以阐明，介绍他们所具有的能力，他们在本企业中的职务和责任，他们过去的详细经历及背景。此外，在创业计划书的这部分中，还应对公司结构做简要介绍，这包括：公司的组织机构图；各部门的功能与责任；各部门的负责人及主要成员；公司的报酬体系；公司的股东名单，包括认股权、比例和特权；公司的董事会成员；各位董事的背景资料。

经验和过去的成功比学位更有说服力。如果你准备把一个特别重要的位置留给一个没有经验的人，你一定要给出充分的理由。

7. 市场预测

这部分内容应包括以下内容：需求进行预测，市场预测市场现状综述，竞争厂商概览，目标顾客和目标市场，本企业产品的市场地位等。

8. 营销策略

对市场错误的认识是企业经营失败的最主要原因之一。

在创业计划书中，营销策略应包括以下内容：

（1）市场机构和营销渠道的选择。

（2）营销队伍和管理。

（3）促销计划和广告策略。

（4）价格决策。

9. 生产制造计划

创业计划书中的生产制造计划应包括以下内容：

（1）产品制造和技术设备现状。

（2）新产品投产计划。

（3）技术提升和设备更新的要求。

（4）质量控制和质量改进计划。

10．财务规划

财务规划主要包括 3 个方面内容：现金流量表、资产负债表以及损益表的制备。

流动资金是企业的生命线，因此企业在初创或扩张时，对流动资金要有预先周详的计划和进行过程中的严格控制。

损益表反映的是企业的盈利状况，它是企业在一段时间运作后的经营结果。资产负债表则反映企业在某一时刻的经营状况，投资者可以根据资产负债表中的数据得到的比率指标来了解企业的经营状况以及预测可能的投资回报率。

11．风险与风险管理

这部分内容包括：

（1）你的公司在市场、竞争和技术方面都有哪些基本的风险？

（2）你准备怎样应付这些风险？

（3）就你看来，你的公司还有一些怎样的附加机会？

（4）在你的资本基础上公司如何进行扩展？

（5）在最好和最坏情形下，你的五年计划表现如何？

如果你的预计不那么准确，应该知道你的误差范围有多大。如果可能的话，对你的关键性参数作最好和最坏的设定。

三、创业计划书编写步骤

准备创业计划是一个展望项目的未来前景、探索其中的合理思路、确认实施项目所需的各种必要资源、再寻求所需支持的过程。

需要注意的是，不同类型、不同企业、使用对象的不同侧重点等都会影响创业计划书中的内容。

创业计划书的编写要经历 4 个阶段：

第一阶段，经验学习。

第二阶段，创业构思。

第三阶段，市场调研。

第四阶段，方案起草。

四、编写创业计划书需要注意的问题

我们创业的时候做计划要保证 3 个方面，第一，我们要保证我们的计划符合实际行

业规律；第二，我们做的计划要符合我们的实际生活环境；第三，我做计划的时候要参考成功人士的经验。这样我们才可以完成一个计划的制定工作。

实战训练

将班级学生按 5～8 人为一组分组，各组根据各专业、爱好和自身条件不同，选择创业项目，编写一份创业计划书。

拓展阅读

一、确立创业目标应考虑的因素（6M 方法）

商品（Merchandise）：所要卖的商品与服务最重要的那些利益是什么？

市场（Markets）：要影响的人们是谁？

动机（Motives）：他们为何要买，或者为何不买？

信息（Messages）：所传达的主要想法、信息与态度是什么？

媒介（Media）：怎样才能达到这些潜在顾客？

测定（Measurements）：以什么准则测定所传达的成果和所要预期达成的目标？

二、创业计划书 6C 规范

第一个 C 是 CONCEPT（概念），指计划书要写得让别人可以很快地知道要卖的是什么。

第二个 C 是 CUSTOMERS（顾客）。产品要卖给谁、顾客的范围在哪里要很明确。如果说所有的女人都是顾客，那么五十岁以上的女人也能用吗？五岁以下的也是客户吗？适合的年龄层在哪里要界定清楚。

第三个 C 是 COMPETITORS（竞争者）。产品有没有人卖过？是在哪里卖的？有没有其他的东西可以取代？这些竞争者的关系是直接还是间接？

第四个 C 是 CAPABILITIES（能力）。要卖的产品自己懂不懂？譬如说开餐馆，如果师傅不做了找不到人，自己会不会炒菜？如果没有这个能力，至少合伙人要会做，再不然也要有鉴赏的能力，不然最好是不要做。

第五个 C 是 CAPITAL（资本）。资本可以是现金也可以是资产。那么资本在哪里、有多少，自有的部分有多少，可以借贷的有多少，要很清楚。

第六个 C 是 CONTINUATION（永续经营）。当事业做得不错时，将来的计划是什么？

任何时候只要掌握这六个 C，就可以随时检查、随时做更正，不怕遗漏什么。

三、以下为浙江省第八届中等职业学校学生创新创业大赛获省三等奖作品，供同学们参考

浙江省第八届中等职业学校

学生创新创业大赛

鞍山德慧女子书院

开创遂昌"女子修为"主题休闲方式

学　　校：遂昌县职业中等专业学校

指导老师：张巧萍　李美华

小组成员：王荟玲　郑　燕　吴芝华　黄　静

遂昌县职业中等专业学校
http://www.sczyzz.com

计划书封面

（一）项目概述

随着人们对生活品质要求的日益提高，越来越多厌倦了城市生活的人群将目光投向了农村，寻找一种有别于城市的健康、安逸的休闲，以达到回归自然、放松心情的目的。在这种需求的推动下，"五行遂昌"风生水起，休闲旅游产业初具规模。遂昌县长濂村历史文化底蕴丰厚，该村村两委创新发展路子，全村上下集体投资入股成立公司，对长濂村古民居古建筑进行了保护性开发，从长濂历史文化村的建设，到鞍山书院旅游休闲文化产业的开发，长濂村村民走出了一条互利互赢，共同发展致富的新路子。

目前，长濂鞍山书院休闲旅游景区已经成功创建 AA 级旅游景区，并成为丽水市十大休闲山庄和浙江省五星级农家乐经营点。然而，这种休闲山庄形式相当普遍，将在未来市场中越来越不具有竞争力。

长濂鞍山书院

于是我们试着探索一种新的休闲旅游方式，这是一种更时尚、优雅、人文的修身养性方式，是一种释放工作紧张压力、净化心灵的朴素而内涵深刻的休闲之旅，更是女性关怀的产业——鞍山女子书院。这个女性心灵关怀产业是个巨大的机会，她可以是禅休文化、可以是心理辅导、可以是瑜伽健身，可以是亲子教育等心灵关怀形式，相信这个产业将是遂昌旅游发展建设项目中的创举。

鞍山德慧女子书院项目是以已有的鞍山书院景区为基础，利用闲置院内屋舍，开展以"女子修为"为主题的旅游休闲项目，旨在让景点"活"起来，让我们现代女性生活更精彩。

项目缘起：①传统休闲旅游项目进入疲态区；②女子修为是社会进步的需求和体现；③鞍山书院常年闲置，需要"人气"保护。

项目使命：静心养心，集德聚慧。

项目愿景：四海游客在遂昌邂逅德慧书院，或读书习礼，或瑜伽健身，或亲子分享，终成这样的女子：温婉贤淑中带有自信执着，娇柔气质下有一颗坚忍顽强之心，典雅、端庄似一幅画，静好如初如一坛酒，芳香醇正，沁人心脾。

德慧书院

（二）项目介绍

1. 鞍山书院简介

鞍山书院建于明万历年间，距今已有 400 多年历史。因位于长濂村南部的马鞍山缓坡处，故名鞍山书院。书院为三进三间两塔厢穿斗结构院落式建筑，占地面积近 700 平方米，为明代风格的江南民居建筑，屋顶曲面中间微凸、檐角挑起，梁作月梁，柱有卷杀，柱基为元代始有之鼓型素面。明代进士郑秉厚曾在此读书，四明士人杨守勤曾在此执教。

传说，明朝万历三十年（公元 1602 年），宁波士人杨守勤远游到长濂村鞍山书院，看到这里景色秀丽，便留在书院执教讲学。明万历三十二年，杨守勤上京赶考，高中状元，村人闻讯，不胜心喜，挨家挨户悬挂红灯笼，张贴喜联，燃放鞭炮，热闹非凡。后来杨守勤留京任职，仍与长濂乡亲联系不断。

2. 书院项目介绍

（1）项目名称：鞍山德慧女子书院。

（2）环境理念："书院"一改传统的"农家乐"闹、俗的特点，全力打造"静"、"雅"的修养环境，以"修为"主题为特色，创建静心、养心、修德室外高地。

（3）经营理念：静雅修为，女性关怀。

（4）目标客户与服务：文化女性养心、禅文化夏令营、备考禅修、瑜伽健身、减压散心禅养、书院活动接待及禅文化爱好者游览等。

（5）业务范围：主体业务——修为系列活动。

1）场地：鞍山书院之旧书屋。

2）经营项目：有常规项目与特色项目两种。

① 常规项目：素食餐饮（国际素食大师奕夫理念）。

素食本身就是一种生活方式。以禅文化主题餐饮为特色，借鉴佛寺的禅食文化，依托自有高山蔬菜、瓜果、笋制品等山区产品，开发一系列美味素食。

② 特色项目：

A．读书习礼。

读"修身章""营家章""待客章""母仪章"，习待人接物之礼。

B．瑜伽健身。

瑜伽起源于印度，作为具有东方哲学思想的一种修炼身心的养生方法，能够起到舒缓压力，修行、健体与调适身心的作用。如今，瑜伽文化延伸成为一种生命科学，在世界各地倍受推崇。在中国，瑜伽健身也日趋成为一种健康的修身方式和一种积极的生活态度。瑜伽中包含了人在生活中自然均衡地追求健康、幸福、美丽的精神。

C．亲子教育（应童主讲）。

应童，亲子导师，"东篱爱心助学"发起人。十年坚持用爱心温暖寒门学子。2013年获"丽水最美丽人"称号，2013年9月被丽水市家庭教育工作领导小组办公室聘为丽水市家庭教育讲师团成员。

大成教练，师从美国的迈克·何博士；NLP高级执行师，师从香港的张国维博士；催眠师，师从美国的斯蒂芬·吉利根博士；潜能开发师，师从美国依沙兰中心的班吉·兰登博士；IAAMA国际芳香治疗师，师从香港的贝蒂老师。

2014年5月8日，由遂昌县妇联主办的"东篱爱心助学志愿家教知识公益讲座"走进大柘小学家长学校，应童与孩子家长们分享了她的亲子教育理念。

D．心理辅导（活在当下理念）。

东篱爱心助学志愿家教
知识公益讲座

3. 附属业务——农业园

（1）茶园。承包长濂村茶园，开发春茶采摘游，禅茶制作、体验游等系列游览项目。同时，茶园每年收获的茶叶可以完全满足书院的日常需求，还可以作书院旅游产品销售。

（2）田园。在书院附近分布着大量的闲置农田，项目运营方式根据客户的需求由村委会协调，向当地户租用田地。一方面，项目运营方利用租用田地种植禅茶供日常所需；另一方面，可以让客户认领田园作种植体验，特别是长期入住的养老族一定会对这个项目感兴趣。

茶园

（三）项目评估

根据美国旧金山大学的管理学韦克教授的 SWTO 竞争战略理论的描述，结合我国目前社会经济体制情况及本项目的技术要求、经营模式等特点，先将项目所面临的竞争潜力分析如下：

1. 优势

（1）主题优势。目前遂昌及周边的"农家乐"遍地开花，红红火火，但以"女子修为"为主题的书院却是空白，鞍山书院历史悠久，具有得天独厚的文化优势。

（2）自然环境优势。项目所处长濂自然村，人口不多，使项目打造的"纯静"环境得到保证，确保所居客人不会受外界打扰，可以静享清修之乐。

（3）物产优势。当地一直处于自给自足的半自然状态，所以项目日常所需的如素食食材等能得到优质保障。同时当地物产丰富，竹、笋、茶叶、水稻、山茶油等都是非常有利的特产支持。

（4）场地优势。项目租用场地费用低廉，且基建完善，是村会按照景点景区要求精心设计建造，装修风格也与本项目相得益彰，还配有公园、餐厅、客房，极大地降低了创业成本，从而使项目极具竞争力。

（5）交通优势。书院位于浙江省丽水市遂昌县云峰镇长濂村南部的马鞍山缓坡处，距遂昌县城 10 公里，距遂昌金矿约 5 公里，地处松阳、遂昌、武义、金华、龙游五县的交界处，龙丽高速公路出口处，交通便利。

2．劣势

（1）鞍山书院相对目前遂昌 4A 级景区人气不旺。

（2）女子书院创业模式在本地没有借鉴，需要在摸索中谨慎前行。

3．机会

项目的运行有着多方共同的期待，不管是遂昌旅游局，还是长濂村委或普通群众，都对本项目的落户给予强烈的期待。本项目的运行可以进一步激发当地旅游资源的开发，使景区建设和旅游产业建设更加多元和完善。

（四）发展规划

有准备才有基础，有目标才有动力。本项目根据自身实际情况，分析公司存在的有利条件和不足之处，将项目发展路径分为三个阶段。

第一阶段是起步期（2～3 年）。前期借助政府层面的平台进行项目宣传，同时与旅行社、培训机构等进行合作，争取支持；适时的商业造势，通过电视台、广播、报纸广告等投入和促销活动的举行，使项目在遂昌周边得到认可、积累人气。

第二阶段是发展期（3～5 年）。"女子修为"主题更富有特色，预期业务内容全面铺开，与之配套的农业园系列也得到实质性发展。逐步扩大影响力，吸引高端客户稳定入住，使项目更加丰满，真正带动一方经济的发展。

第三阶段是稳定期（5 年后）。"女子修为"主题休闲产业深入人心，项目景区客源稳定，忠实高端客户群扎实，书院系列修为活动成为受欢迎的品牌。

（五）财务分析

1．资金投入

（1）场地租用（含农业园）：每年 4 万元。

（2）办公用品等添置：2 万元。

（3）电费及其他：1 万元。

2．利润预算

（1）餐饮：10 桌×净利 50×30×12=18（万元）。

（2）住宿：20 床×净利 20×30×12=14.4（万元）。

（3）特色项目收入：净利 2 万×12=24（万元）。

（4）茶园年净利：2 万元。

（5）田园年净利：1 万元。

年利润合计：59.4 万元。

预计每年可保持 5%的增长速度。

3. 资金来源：众筹形式

3～5 个志同道合的"姐妹"，在"德慧"的引领下走到一起。

第二节　相关法律法规

故事启示

大学生创业先锋竟被判刑

小卢是广东一所知名高校的学生，早在上大三的时候，小卢就和同学一起创办了一家数码科技公司，筹建广州首家城市生活指导网——被媒体誉为"广东大学生 IT 界创业第一人"，同学们也公认其才华横溢。然而，几年后当他再次引起人们关注时，却是因为在网络上"传播淫秽物品牟利"而被判刑。原来，为吸引更多客户以获利，小卢的公司在 2004 年开始建立电影网站，开设成人区上传淫秽电影，在短短几个月的时间里，已经有近千名会员注册、浏览其上传的淫秽电影。最终法院对其判处有期徒刑 18 个月，此时的小卢刚刚过了 26 岁的生日。

想一想：

1. 从年轻有为、才华横溢的大学生创业先锋到阶下囚，违法经营不但不能赢得创业的成功，反而让小卢吞下了难言的苦果。

2. 想一想，关于创业的相关法律法规还有哪些？

知识储备

对有关的法律法规的知识是创业必不可少的条件，下面看看哪些是最基本的。

一、企业法律形态

企业法律形态是法律规定的企业组织形式，根据不同标准有不同的分类。一般有四种形式可供选择：个人独资企业、合伙企业、有限责任公司和股份有限公司。

对于不同的企业形式投资者承担的责任不同。第一，公司（包括有限责任公司和股份有限公司）。有限责任就是通常情况下投资人出资后公司盈亏与他无关，欠债也与股东无关了，他也不会替你借钱还债的。第二，合伙。无限连带责任。第三，个人独资企业。无限责任。

创业初期，可根据自身实际选择企业类型。作为中职生创业，前面三种类型比较适合，随着企业的发展，在不同时期可以发生不同的变化。

案例：大学生缺少法律意识 创业分文未赚背上百万巨债

2003 年在上海大学读大四时，秦亮通过熟人与中国联通上海分公司一级代理商上海美天通信科工程设备有限公司取得联系，并得知美天正准备推广 CDMA 校园卡业务。秦亮认为可以发动老师同学购买，赢利几乎唾手可得。

由于美天要求必须同公司签协议，秦亮和几个同学又发动父母成立公司。耐不住孩子的恳求，三个下岗母亲在经济开发区注册了上海想云科技咨询有限公司。

2003 年 3 月，秦亮和想云公司与上海美天签署了《CDMA 校园卡集团用户销售协议书》，约定想云公司在上大发展 CDMA 手机及 UIM 卡进行捆绑销售，并约定想云公司对校园卡用户资料真实性及履行协议承担保证责任，用户必须凭学生证和教师证购买，一人一台等。如想云公司发展用户不真实，美天有权停机，想云承担不合格用户的全部欠费。

在同学老师的帮助下，秦亮的"生意"一下子很红火。秦亮一共发展了 4196 户，按照与美天的协议，秦亮和想云公司可拿到 10 余万元的回报。

但是美天刚支付给秦亮 2 万元钱后，2003 年 12 月联通公司发现想云递交的几百名客户资料虚假，有一部分根本不是校园用户，还有身份证是冒用别人的，最终形成了大量欠费。

美天为此赔偿联通 442 户不良用户的欠费 52 万余元，联通还扣减美天 406 部虚假用户和不良用户的手机补贴款 28 万余元及 8 万余元。

美天将想云公司及秦亮起诉到法院，要求承担上述赔偿款项，另赔偿美天 406 部虚假、不良用户手机的补贴差价 6 万余元及未归还的手机价款 15 万余元和卡款 5100 元，总计 100 万元左右。

一审法院认定秦亮借用想云公司名义与美天签订销售协议，并发动几十名学生、教师发展介绍用户，并无想云公司人员参与，故秦亮与想云公司共同承担 100 万元的赔偿责任。

和秦亮一起操作该业务的虽然还有很多人，但由于与美天的协议书上是秦亮的签名和想云的公章，秦亮也不想再牵连其他人进来，而想云公司本来就是为创业成立的公司，加上经营亏损，已被吊销营业执照，秦亮成了债务承担人。

（资料来源：http://www.doc88.com/p-01869883221.html）

二、基本的劳动法律知识

用人就要了解劳动法，企业一开始就规范健全机制有利于防范风险，避免不规范用人而产生的高额劳动纠纷，注意和员工签订保密协议和竞业禁止协议等等，以便保护企业自身权益和竞争优势！

案例：就业协议不等于劳动合同

大学毕业前夕，曾某和 A 公司、学校三方签订了《全国普通高等学校毕业生就业协议书》，对工作条件和劳动保护、劳动报酬、福利待遇及三方的违约责任做了详细的约定。在此之前，A 公司为曾某办妥了人事等相关手续，代曾某缴纳了人事代理服务费和流动服务费合计 3500 元。毕业后的第二天，曾某就到 A 公司上班，双方约定曾某试用期月薪 2000 元，试用期 3 个月。但曾某刚工作了一个月，就提出辞职。A 公司没有发给曾某工资。

对此法院判决：就业协议不是劳动合同，在试用期内，劳动者可以随时通知用人单位解除劳动合同。因此，判决解除双方的劳动关系，A 公司应在 30 日内为曾某办理解除劳动关系手续并支付曾某一个月的工资，曾某须返还公司垫付的人事代理服务费和流动服务费 3500 元。

案例：签订协议须谨慎

某高校毕业生王某因为学习成绩优秀、在校组织活动能力强被 B 外资企业老总看中，经过面试，双方当即签订《就业协议书》，同时，按照 B 企业的要求，王某在就业协议中承诺："乙方（即王某）不得因为升学、留学等读书原因而拒绝到甲方（即该外资企业）工作，否则应向企业支付违约金 5000 元。"王某没做太多考虑就在《就业协议书》上签了字。几个月后，北京某大学向王某寄来了《研究生录取通知书》，王某决定放弃工作，B 企业不同意并声称王某拒绝履行协议，就应当按照约定向 B 企业支付违约金 5000 元人民币。最后，经人民法院判决，王某向 B 企业支付违约金 5000 元人民币。

三、签订一份好的租赁合同

企业办公经营都需要经营场所，租用房屋之类，签订一份能够保护自己的租赁合同协议书很重要，至少合同中不能暗藏玄机，给将来埋下隐患！

案例：签订房屋租赁合同不谨慎 一租房人为糊涂账埋单

房屋租赁合同是日常生活中最常见的合同，但因房屋租赁产生的纠纷也越来越多。近日，记者从西宁市中级人民法院了解到，在房屋租赁纠纷案中，因房屋租赁合同产生的纠纷最为常见，有不少租房者都因为房屋合同的问题而成为受害者。

2012 年 9 月，家住省城北区寺台子村的张先生向西宁市中级人民法院提起诉讼，请求变更他与省城某装饰公司之间的租赁合同期限。

据张先生介绍，2011 年 7 月，他想在省城一家装饰公司租个铺面做生意，便和已经在该装饰公司租了四个铺面的朱某达成协议，朱某将其中的两间铺面转让给了张先生，双方签订了转让协议书。与此同时，张先生和装饰公司也签订了租赁合同，并付给朱某 27 万元转让费。

之后，由于铺面的原承租人一直没有把铺面交还给朱某，张先生也一直没能真正使用过这两间铺面，租赁合同也一直没拿到手。张先生心想，干脆先进货，等进了货，回来再把铺面要回来也行。

可是，等张先生从广州进完货回到西宁，拿到与装饰公司签订的租赁合同时，张先生惊呆了，这份租赁合同上写的两年租赁期起止时间为 2009 年 11 月 28 日至 2011 年 11 月 27 日。

张先生认为，合同期限应该是从 2011 年 7 月 19 日至 2013 年 7 月 18 日，如果转让时知道只有四个月的租赁期限，就绝不会签订租赁合同。后来，张先生多次找装饰公司要求更改租赁合同期限，都没能如愿。

后经法院判定，2011 年 7 月 19 日，张先生与装饰公司签订的租赁合同是基于 2009 年 11 月 28 日朱某与装饰公司签订的租赁合同的基础上的，并不是一份新的租赁合同，朱某和张先生之间属于转租行为，张先生是次承租人，在承租人朱某的租赁权因合同终止时，作为次承租人的张先生不能向装饰公司主张租赁权，只能向转租人朱某请求赔偿。因此，对张先生的诉讼请求，法院不予支持。

记者手记：在这起房屋转租的案例中，张先生是受害者，但张先生作为一名房屋承租人，在签订租赁合同时，应该对租赁合同的起止时间明确，张先生在尚未确定的情况下就签了字，有悖常理，所以，不得不为自己的糊涂账埋单。

（资料来源：西海都市报）

四、基本的税法知识

企业需要依法纳税，那么你知道应该交哪些税吗？创业之初就要心中有数，这既是成本核算的需要，也是规范运营的要求！还要知道一些能享受国家优惠的政策，可以让你轻松创业！

五、一些基本的知识产权概念

所有企业都有知识产权的事务，企业名字中的字号、商标 Logo、网址和一张宣传照片等都是有知识产权的，保护好自己的知识产权很重要！同时，创业者也要避免侵犯他人的知识产权。

案例：企业官微用了 9 张网上照片 被告侵犯著作权要赔 2.5 万元

玩微博的各位，以后发图要注意版权问题啦，目前，奉化法院通报了一起微博配图引发的著作权纠纷案件。

奉化一家洁具企业，在自己的新浪官方微博上，用了 9 张从网上随意下载来的照片，结果侵犯了他人的著作权，被判赔偿 2.5 万元。

（一）微博发文字太枯燥 企业官微上网找了 9 张配图

通过微博等网络渠道宣传企业，早就不是什么新鲜事了。奉化一家洁具企业，也在新浪微博注册了一个实名的官方微博。有专人打理，平时会发些企业理念、宣传下产品，为了赚粉丝也会分享些心灵鸡汤、天气等内容。

光有文字难免枯燥，这家企业官微也习惯配上图片。不过哪有这么多原创照片，管理员就想到了从网上下载。

没想到就是这么随手一发，让企业吃上了官司。

引起纠纷的有 9 张照片，多是风景照。这 9 张照片分散在多条微博中，都配有文字说明，内容中也提及洁具企业的产品介绍。

（二）这 9 张图原来有主 告上门来要赔钱

与这家洁具企业对簿公堂的，是华盖创意（北京）图像技术有限公司。这家公司是美国 Getty Images（盖帝公司）在中国的授权代表，美国 Getty Images（盖帝公司）则是全球知名的创意摄影作品供应商。

为了防止图片被盗，北京华盖公司经常在全国范围内开展调查活动。曾在广东、北京等多地提起维权诉讼，大多胜诉。

前不久，北京华盖公司发现，奉化的一家洁具企业，在自己的新浪官方微博上，采用了其享有著作权的 9 张照片。

北京华盖公司说，奉化这家企业在未得到授权的情况下，基于商业目的擅自使用上述摄影作品，侵犯了其著作权，于是起诉至奉化法院，要求赔偿 3 万元。

（三）法院判决：企业擅用照片赔偿 2.5 万元

法院审理认为，北京华盖公司作为美国公司在中国境内的授权代表，有权在此范围内展示、销售和许可他人使用涉案图片，维护正当权益。

洁具企业在未经权利人许可前提下，擅自在微博上使用他人图片用于商业宣传，构成著作权侵权，需要承担停止使用、赔偿损失等民事责任。

最终判决，洁具企业向北京华盖公司支付 2.5 万元的赔偿款。

现在，洁具企业也已经在新浪官方微博上删除了这 9 张照片，停止了侵权行为。

（资料来源：钱江晚报）

六、一般的环境之类的法律知识

企业要遵守环境法，不要制造污染，触犯法律，避免因为破坏环境方面的赔偿，而妨碍企业发展！

案例：保定蠡县重大污染环境致人死亡案

2015年5月18日，保定蠡县某停车场墙外一饭店店主李某，在饭店厨房被下水道气味熏倒，经抢救无效死亡。经查，该停车场经营者李某忠通过中间人与不法犯罪团伙勾结，非法倾倒工业废液从中获利。犯罪嫌疑人倾倒废液过程中，产生有毒有害气体将李某熏倒致死。

通过5个多月的调查走访、追根溯源，专案组一举打掉涉及石家庄、沧州、廊坊及北京等地的两个污染环境犯罪团伙，抓获犯罪嫌疑人27名，涉及企业20家，查实非法倾倒犯罪事实102次，非法倾倒废酸、废碱3400余吨。该案已移送检察机关审查起诉。

（资料来源：河北新闻网）

实战训练

1. 以5～8人为一小组，选择一项目，根据实际需要选择企业的法律形态，并且对选择的原因进行详细的说明。

2. 以5～8人为一小组，找一家本地小企业，可以请父母、亲戚、朋友推荐，与该企业主进行访谈，了解该企业主的名字、企业地址、创业时间、最初创业资金、企业法律形态、选择该法律形态的原因、每月应交的税款、对环境的影响等。然后对采访的企业主表示感谢，并把采访的内容写下来。

（1）企业主：_____

（2）企业地址：_____

（3）创业时间：_____

（4）最初创业资金：_____

（5）企业法律形态：_____

（6）选择该法律形态的原因：_____

（7）每月应交税款：_____

（8）对环境的影响：_____

_____

3．下面标志的含义分别是什么？

标志（一）

标志（二）

标志（三）

标志（四）

4．书写一份用工合同。

5．书写一份房屋租赁合同。

6．登录某一国家机关网站或法律法规查询网站，进行法律法规查询练习。

拓展阅读

一、三种企业法律形式要素（表8.1）

表8.1　法形式要素

内容	有限责任公司	合伙企业	个人独资企业
法律依据	公司法	合伙企业法	个人独资企业法
法律基础	公司章程	合伙协议	非法人经营主体
法律地位	企业法人	非法人营利性组织	非法人经营主体
责任形式	有限责任	无限连带责任	无限责任

续表

内容	有限责任公司	合伙企业	个人独资企业
投资者	无特别要求，自然人皆可	完全民事行为能力的自然人，法律、行政法规禁止从事营利活动的人除外	完全民事行为能力的自然人，法律、行政法规禁止从事营利活动的人除外
注册资本	最低三万元，一人有限责任公司最低十万元	协议约定	投资者申报
出资方式	法定：货币、实物、工业产权、非专利技术、土地使用权	约定：货币、实物、土地使用权、知识产权或其他财产权利、劳务	投资者申报
出资评估	必须委托评估机构	可协商确定或评估	投资者决定
财产权性质	法人财产权	合伙人共同共有	投资者个人所有
出资转让	股东过半数同意	一致同意	可继承
经营主体	股东不一定参加经营	合伙人共同经营	投资者或其委托人
事务决定权	股东会	全体合伙人或从约定	投资者个人
事务执行	公司机关、一般股东无权代表	合伙人权利同等	投资者或其委托人
利亏分担	投资比例	约定，未约定则均分	投资者个人
解散程序	注销并公告	注销	注销
解散后义务	无	五年内承担责任	五年内承担责任

二、税法基础知识

（一）税法的概念

税法是国家权力机关及基授权的行政机关制定的调整税收关系的法律规范的总称。其核心内容就是税收利益的分配。

（二）税收的本质

税收是国家凭借政治权力或公共权力对社会产品进行分配的形式。税收是满足社会公共需要的分配形式；税收具有非直接偿还性（无偿性）、强制义务性（强制性）、法定规范性（固定性）。

（三）税收的产生

税收是伴随国家的产生而产生的。物质前提是社会有剩余产品，社会前提是有经常化的公共需要，经济前提是有独立的经济利益主体，上层条件是有强制性的公共权力。中国的税收是公元前594年春秋时代鲁宣公实行"初税亩"从而确立土地私有制时才出现的。

（四）税收的作用

税收作为经济杠杆之一，具有调节收入分配、促进资源配置、促进经济增长的作用。

（五）税收制度构成的七个要素

1. 纳税主体，又称纳税人，是指税法规定负有纳税义务关直接向税务机关缴纳税款的自然人、法人或其他组织。

2．征税对象，又称征税客体，是指税法规定对什么征税。

3．税率，这是应纳税额与征税对象之间的比例，是计算应纳税额的尺度，反映了征税的程度。税率有比例税率、累进税率（全额累进与超额累进）和定额税率三种基本形式。

4．纳税环节，是指商品在整个流转过程中按照税法规定应当缴纳税款的阶段。

5．纳税期限，是税法规定的纳税主体向税务机关缴纳税款的具体时间。一般的按次与按期征收两种。

6．纳税地点，是指缴纳税款的地方。一般是为纳税人的住所地，也有规定在营业发生地。

7．税收优惠，是指税法对某些特定的纳税人或征税对象给予免除部分或全部纳税义务的规定。从目的上讲有照顾性与鼓励性两种。

（六）现在的税收分类及税种

按现在大的分类，税收的种类主要是流转税、所得税、财产税、资源税、行为税和其他：

1．流转税：增值税、消费税、营业税、关税、车辆购置税等；

2．所得税：企业所得税、外商投资企业和外国企业所得税、个人所得税等；

3．资源税：资源税、城镇土地使用税、土地增值税等；

4．财产税：房产税、城市房地产税等；

5．行为税：印花税、车船使用税、车船使用牌照税、城市维护建设税等

6．其他税：农林特产税、耕地占用税、契税等。

第三节　互联网创业

故事启示

农村电商故事："这个小伙真中"

唐河县城郊乡麦仁店村头的柏油路旁，一栋两层的普通民房并不惹眼，但是这家的主人，潘国营，正宗85后的土生土长农民，其貌不扬，最近却成了唐河的热点人物。据说他凭一己之力把全村的红薯都卖光了，还有几百个订单在等货。让我们一起走近潘国营，来一探究竟。

潘国营，初中没毕业就和大部分农村年轻人一样出门打工，挣钱养家。深圳、北京……从南到北在很多工厂打工，由于学历有限也没有一技之长，每个月拿着微薄的工资，生活总是捉襟见肘。这个有追求的小伙子不想认命，他一直在琢磨做一些不一样的事情改变这种状况。

一直以来潘国营家乡的脱毒红薯水分少、香甜可口，很受欢迎，可惜由于销路有限，收入微薄，绝大多数只能自己吃掉或者浪费掉，有没有什么办法可以改善这个情况呢？经过反复的查阅和思考，他看中了电子商务这一商机。能不能把这么好的红薯放在网上卖呢？能不能把家乡的优质产品推广出去呢？当他把这一想法告诉自己的亲朋好友时，得到的不是鼓舞，而是他们的担忧和不支持，他们都说，红薯怎么能放网上卖呢？谁会在网上买几个红薯呢？他们一致不赞成潘国营的想法，可他就是这么一个敢于坚持的年轻人，毅然决然地开起了自己的淘宝店铺，并取名叫：深山一亩三分地，一个很朴实、很亲切的名字。

上货、打包、发货、客服都是一个人，都要靠自己一点点摸索。三个多月过去了，由于运营方法的缺乏，各种问题频出，疲于应付，店铺生意也并不尽如人意！

2015年12月唐河县电子商务运营服务中心暨一扇门电商学院（唐河分院）成立了，在唐河县政府的大力扶持下，杭州一扇门电商集团在这里开展电商实操培训、电商园运营与唐河农特产品电商开发。

很快，这个消息一传十，十传百的就传开了。潘国营听到这个消息的时候非常高兴，心想这不就是上天送来的及时雨吗？于是，他毫不犹豫地来到一扇门报名参加了培训学习。在一扇门讲师的耐心指导下，潘国营渐渐地掌握了不少店铺装修、运营技巧、推广方法、促销工具与引流方法。

一扇门的学习结束之后，潘国营的网店进行了重新装修设计，焕发了勃勃生机，销量日渐高涨，最高时候日销量能达到400多单，8000多斤优质红薯通过这个小伙子的网店销往全国各个地方。终于他迎来了让亲朋好友刮目相看的时刻，"这个小伙真中！"乡亲们交相称赞。

潘国营说："在一扇门那里学到了很多专业知识，店铺的生意才越来越好。学习虽然结束了，运营中碰到什么问题，不管是电话咨询还是我去一扇门现场询问，老师们都像上课时候一样尽心尽力帮我，很感谢。"

一年过去了，潘国营的网店越做越大，越做越好，现在已经开了三家店铺，销量也都非常可观。但是他并没有停下脚步，这个有梦想有想法的年轻人又开始规划他的下一步了，说起对以后的想法，潘国营主要说了四点：

1. 开展预售

这一方面他已经开始着手，在自己的店铺做预售款，客户只需10%的货款，就可以提前锁定自己喜爱的产品，也为潘国营备货存货提供了参考。

2. 增加仓储

由于红薯属于季节性农产品，所以存储和供应都是要解决的问题。他不想让客户在想买红薯的时候买不到红薯，所以他准备建设一个大地窖来储存红薯，保证自己的店铺的货源储备，避免再出现有单无货的头痛局面。

3. 发起众筹

潘国营计划注册自己的商标，发起产品众筹，让更多客户了解自己的红薯，扩大产品影响力。

4. 扩大分销

潘国营原来零星发展了几个代理，一年的销售情况给了他更大信心，他的眼光更长远，他希望做出自己的分销体系，让自己的产品有更多更广的销售渠道。

回看自己的电商之路，潘国营感慨万千，"以前打工一个月也就两三千块钱，还要受人约束。现在自己在家做电商，虽然有时候会忙点，一家老小在一起，舒心得多，收入也比以前好得多，时间上也自由。我努力把红薯卖得越来越好。"浅浅的微笑挂在脸上。

祝福潘国营！

想一想：

1. 你想成为潘国营吗？为什么？

2. 网络创业你了解多少？

3. 面对这电子商务时代，你准备好了吗？

（资料来源：http://mt.sohu.com/20160503/n447430389.shtml）

知识储备

一、电子商务

1. 电子商务概述

电子商务通常是指在全球各地广泛的商业贸易活动中，在因特网开放的网络环境下，基于浏览器/服务器应用方式，买卖双方不谋面地进行各种商贸活动，实现消费者的网上购物、商户之间的网上交易和在线电子支付以及各种商务活动、交易活动、金融活动和相关的综合服务活动的一种新型的商业运营模式。电子商务是利用微电脑技术和网络通信技术进行的商务活动。各国政府、学者、企业界人士根据自己所处的地位和对电子商务参与的角度和程度的不同，给出了许多不同的定义。电子商务分为：ABC、B2B、B2C、C2C、B2M、M2C、B2A（即 B2G）、C2A（即 C2G）、O2O 电子商务模式等。

案例：一个大学生的网络创业故事

小牛坐在电脑桌前，整理完所有的文件和行程安排，双手举过头顶，长长地伸了个懒腰，倍感轻松。他现在是苗木商务网的 CEO，身负重任。

坐在高楼上透过明亮的窗户俯视这个城市，真的有一种不一样的感觉，说不出来，可是那感觉，在心里，既像是一湾清泉，平静而清澈。又像是奔腾的大海，汹涌澎湃。这些都源于创业。

（一）大学生毕业＝失业

他是那种家庭条件不富裕的人，他从北方一所普通高校毕业以后，万分感激，心潮澎湃，发誓要做一个有用之人，回报社会，发挥自己的才能和潜力，实现自己的人生价值。

可是事与愿违，现在的中国大学生早已不是以前的香饽饽了。大公司要求高学历，小公司不看学历，有经验的初中生和大学生根本毫无区别，而且还会因为工资要得太高不被录取。毕业后的他发现，想找到真正能让自己施展的舞台是那么的难。那段时间他很迷茫，不知道路该怎么走。有的人可以通过关系走入一家国企甚至是外企，月月高薪，可是他，一个山区走出来的孩子，在这个车水马龙的城市里，他只有靠自己，只有自己为自己开拓一片新天地。他为了找工作四处奔波，可是处处碰壁。不是他没有能力，而是这个社会真的似乎事事都有了关系，而一般的工作是根本没什么前景可言。于是他只能这里混混，那里混混，换了很多工作。

（二）尝试多种工作 钢铁厂险些受伤

保险公司终年招人，于是他在保险公司做了一段时间，可是还是没有看到光明。再后来，他进了一家钢铁厂做了工人，他的伟大的梦想，被生计挤压得没了存留的余地。他想，就这样吧，自己一个普通人本不该有太大的奢望。进了工厂后。他是一名轧钢工人，每天重复作业。非常枯燥，没有几个年轻人愿意在这种环境下工作，危险而劳累。有几次小牛差点在厂里受伤，最终他决定辞职做点小生意。

（三）小本生意 饱受白眼和侮辱

为了赚钱，他摆地摊卖书、卖报纸、卖衣服等。在创业过程中他深刻地记下了一句话——一个和他年龄差不多的买家因为还价不成功说的一句话：算了不和你计较了，反正你也赚不了什么大钱。这句话深深地刺痛了小牛的心他深知赚钱也要赚得有尊严,再这样下去,永远没有出头之日,而且连自己的尊严都没有了。可是,路在何方?脚下是一片沃土,却没有一寸自己的安身之地和发展空间。

(四)触电网络 找到人生方向

2009年末小牛在某报纸上看到了一则广告,那就是同城商务网招地区网站代理的广告,当时真的有一种顿时一亮的感觉,因为自己的偶像就是马云,一直就很向往网站创业。他仿佛已经看见阳光照在自己的脸上,灿烂温暖。他的专业虽然不是电子商务,可这是他的兴趣所在之一,他一直认为互联网以后会像柴米油盐一样平常,不可或缺,而通过电子商务做生意买卖东西那更是不可阻挡的趋势了。

说起互联网创业还有个故事。小牛曾经有个朋友叫他一起做网站,但是因为那时候还没毕业,没钱做,如今他朋友已经做得非常成功了。同城商务处于刚刚发展阶段,正是给了这些像他这样的人施展的大好机会,而且限制肯定很少。他知道机会已经降临,于是,他义无反顾地加入了同城商务网站,就像小牛说的,就算死也要死得有意义,要做就要做有前景的事情。因为费用不算很贵,他把自己工作的积蓄投在了同城商务网站上。于他而言,甚至可以说是生死决斗,要打这场仗就一定要打得轰轰烈烈。就算失败也算经历过。如果成功,也算对得起父母亲人了。

小牛不怕吃苦,多年的打工,小本创业生意给了他很强的毅力,他知道天下没有白吃的午餐,马云也是从0开始成功的,只有成功了才会有人理解你。因其努力学习,加入同城商务之后,网站运营、网站使用的相关知识他很快就掌握了,在当地的很多大学社区他都发展了代理,很多小区也有他的合作伙伴。一个之前完全不懂网络的人,现在以他如同爬楼梯一样步步前进,现在,他觉得自己这个地方CEO实至名归。如今的他,已经不是那个在钢铁厂摸爬滚打的工人,也不是那个摆地摊为生计一筹莫展的无为汉子。看着眼前的一切,楼下车水马龙的街道和繁华布景下来来往往的人群,他感到有更多有意义的事情等着他。

(资料来源:《青春岁月》2010年17期)

2. 开淘宝网店步骤与流程

第一步:注册淘宝账号。

登录淘宝网 www.taobao.com(不知道网址的可以在百度输入"淘宝网"),在网页的左角边找到"免费注册"字样,按照提示完成淘宝账号。

第二步：免费开店。

注册淘宝账号后就可以免费开店，在"卖家中心"的"免费开店"菜单可以进行相应操作。

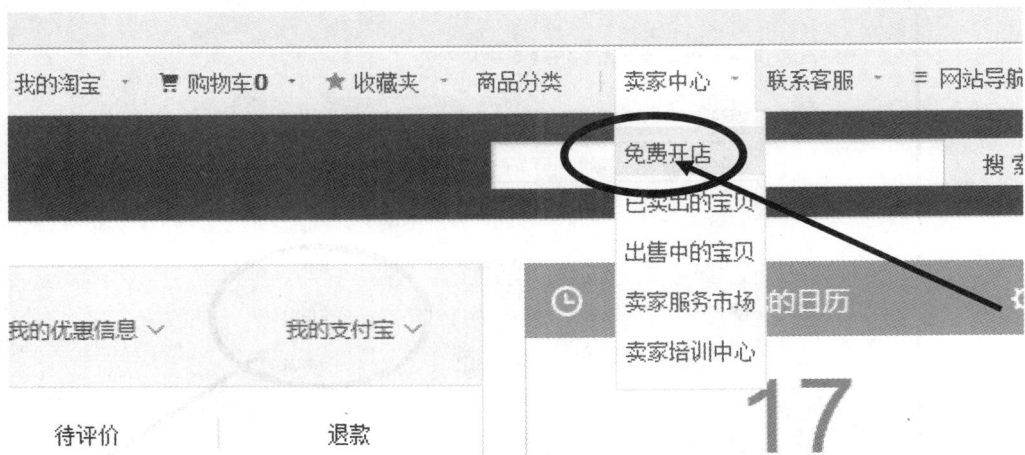

（1）选择开店类型：个人店铺和企业店铺。

免费开店

申请淘宝店铺完全免费；一个身份证只能开一家店；开店后店铺无法注销；申请到正式开通预计需1~3个工作日。了解更多请看开店规则必看

（2）申请开店认证：包括支付宝认证和淘宝开店认证。

认证过程中需要：身份证、银行账号、拍照设备（可用手机）等。淘宝会在 48 小时内为你完成认证，请耐心等待！

二、微商

1. 微商概述

微商是由微盟 CEO 孙涛勇提出的一种社会化移动社交电商模式。它基于移动互联网，是企业或者个人基于社会化媒体开店的新型电商，主要分为两种：基于微信公众号的微商成为 B2C 微商，基于朋友圈开店的成为 C2C 微商。微商基于微信"连接一切"的能力，实现商品的社交分享、熟人推荐与朋友圈展示。

案例：从家庭主妇到千万大咖微商达人的逆袭之路

"做人如果没有梦想，那跟咸鱼有什么区别？"借助愈演愈烈的微商热潮，黄东愉实现了华丽转身，从默默无闻的家庭主妇，成功逆袭为月入千万的时尚辣妈，并联合多位微商大咖组建起中国梦微商会，给众多"绝望主妇"诠释了梦想的力量。

"以前的生活蛮单调的，就是在家带带小孩子，照顾家里人的饮食起居。"小愉在接受记者采访时表示，"时间久了总觉得就这样过一辈子也太无趣了，毕竟身边的不少小姐妹都有自己的一份事业，不说挣钱多少，最起码能够自立。"去年的一天，在刷朋友圈时，小愉发现了几位朋友都在推荐一款产品，她产生了兴趣，并逐步接触到微商这一新兴模式。

兴趣是最好的老师，因为自己爱好化妆，小愉就选择从人气较高的韩妆做起。"万事开头难，刚开始也走了不少弯路，比如朋友不理解，删除好友的，留言攻击的，还有说我是托的……真的是咬牙坚持下来的。"因为产品过硬，她很快积累起自己的忠实粉丝和回头客，顺利的发展起代理商。不断上涨的人气，加上独特的选货眼光，小愉的微商征程逐渐进入正轨，去年更成功签约成为朵澜洗发水全国总代，成为微商圈里小有名气的创富人物。

"在微商的世界里，起点并不重要，重要的是眼光和行动。眼光就是要选择真货，选择会流行的产品，而最便捷的方法就是跟随具有眼光的大微商。行动其实更关键，无论什么时候开始都不晚。我记得和我同时间做微商的朋友并不少，但有的做着做着就没见了，也有的选错了产品，一直没发展起来，当然也有比我做得更好的。"小愉告诉记者。

为了微商事业更好的发展，帮助更多朋友实现梦想，让每个人赚更多的钱，黄东愉联合多位微商大咖组建了中国梦微商会。这是全国首个以微商为主体，立足移动互联网，助力传统企业转型升级，提供全方位、高品质服务的互联互通平台，并且在首届"万人微商大会"的颁奖典礼上夺得了"中国最强团队"这一特此殊荣。

（资料来源：网易新闻）

2. 手机上开微店的步骤和流程

微店的平台很多，常见的有微店、微盟、有赞、京东微店、拍拍小店。下面以"微店"平台为例讲解手机上开微店的步骤和流程，希望大家能举一反三。

第一步：下载 App。

App 名称叫"微店"，这是一个手机软件，下载到手机才能使用。百度一下"微店"就可以找到。

第二步：注册账号。

点击注册，就会出现注册框，注册的过程相当简单，按照提示完成需要填写的资料即可。注册过程中要用到手机号码，要给自己的店铺取一个名称，并且"立即点亮微店"。

第三步：添加商品。

点击"商品"图标，按照提示操作就可以添加商品。

三、互联网+

"互联网+"代表一种新的经济形态，即充分发挥互联网在生产要素配置中的优化和集成作用，将互联网的创新成果深度融合于经济社会各领域之中，提升实体经济的创新力和生产力，形成更广泛的以互联网为基础设施和实现工具的经济发展新形态。

"互联网+"行动计划将重点促进以云计算、物联网、大数据为代表的新一代信息技术与现代制造业、生产性服务业等的融合创新，发展壮大新兴业态，打造新的产业增长点，为大众创业、万众创新提供环境，为产业智能化提供支撑，增强新的经济发展动力，促进国民经济提质增效升级。

2015年3月5日十二届全国人大三次会议上，李克强总理在政府工作报告中首次提出"互联网+"行动计划。

案例：80后小伙回乡创业 "互联网+"模式发展观光农业

看过电视剧《家的N次方》的朋友一定对剧中男主角的DIY小农场不陌生，一个低碳环保的生态农业园，市区白领们在繁忙的工作之余摆脱城市的喧哗，周末一家人来到郊外体验农家生活，呼吸的是清新、宁静的空气，吃的是绿色健康的蔬菜水果，感受着大自然的乐趣……

重庆市铜梁县水口镇青年创业者王志成便有这样一个令人向往的农场——石佛山生态观光园。

石佛山生态观光园位于水口镇，距离县城30分钟的车程，海拔接近1000米。去年，王志成与人合伙通过土地流转，承包了当地100亩田地开辟生态农业观光园，发展乡村休闲旅游，并结合电商平台销售生态特色农产品，依托"线下+线上"的模式带动旅游业发展和当地村民致富。

（一）从工程预算员到"农民"

2010年，从学校毕业的王志成跟随亲戚到成都从事工程预算工作，几年时间下来，王志成觉得"打工不仅辛苦，也没有自由，而且发挥不了自己的能力。"

不甘心为别人打工的王志成辞掉了工作回到家乡，他看好前景良好的乡村旅游市场，决定发展生态观光农业。

"有那么多项目，你为什么选择生态观光农业？"

王志成透露，2013年的一天，财经频道报道了一位都市白领辞掉高薪工作，回家发展生态农业并创业成功的新闻，这个故事一下击中了他的内心。想到自己家乡水口镇气候条件优越，环境优美，距离云阳新县城很近，近几年，国家也在大力发展乡村旅游，生态农业焕发出蓬勃生机，目前家乡从事生态观光农业的人很少，有较大的市场空白。

发现这一商机后，王志成马不停蹄地到各地考察，成都的乡村旅游发展成熟，他便四处参观别人的生态农业项目，学习他们的经验，重庆乡村旅游有名声的区县，他都走遍了。通过考察学习，王志成和人合伙承包了佛安村的 100 亩土地，2015 年 5 月 1 日正式启动乡村旅游项目，7 月建立源峰电子商务平台。

（二）明知是"坎"也要往下跳

"创业确实需要勇气，当初说要搞生态农业，大家都觉得我疯了。"王志成说起当初的选择，很是感慨。"我老丈人听说我辞了职要回来发展农业，都跟我急了，三天两头的打电话来或是跑家里劝说。"王志成说。

"没听过谁搞农业赚钱的，家里负担不轻，不能是坎也要往下跳啊。"老丈人的担忧不是没有道理。王志成的孩子才一岁多，一家三口一个月生活费最少四五千元，自己的辞职创业意味着家里不仅没有收入来源，还要投入巨额资金，而发展农业的效益谁都不能预期。

最终，合伙人的不断鼓励和妻子的信任让王志成坚持了下来，他坚信自己对未来的判断。"如果我放弃了，而别人却干成功了这件事，那我肯定是要后悔的。"王志成说，"我相信乡村旅游有很好前景。"

自开始创业以来，王志成勤勤恳恳，每天很早就往山上、项目部跑，经常凌晨才回家。对于没干过农业的他来说，很多东西都需要学习。规划项目、设计图纸、网站的建立、设计等都需要他亲自参与，不懂的，他便跑去问行家、查资料。他还参加了政府组织的"致富带头人"等相关培训，学习创业知识。

"创业时，很多你不曾设想的问题都会接踵而至。"王志成说，他承包了佛安村农民的田地，为了便于对园区的管理，他们打算修建围栏和公路，而此举遭到了村民的反对，一是认为围栏挡路了，二是在园区修路，被认为破坏了土地。

"和村民打交道要设身处地从他们的角度考虑，最大程度地方便村民。"王志成和合伙人主动上门与村民进行沟通交流，把计划告诉村民，他们还请政府工作人员帮忙牵线沟通说服村民。王志成还聘请了村民在园区打工，打理蔬菜基地或是果园，让村民自己管理自己的土地。

"创业过程虽然很艰苦，但要有大无畏的精神。很多事情看起来不切实际，但只要一步一步在做，把每件事做好了，那些看起来不切实际的东西就都能成为现实。"王志成说。

（三）跳出农业做农业

"传统的农业模式经济效益较低，所以我就想跳出农业做农业，通过互联网给农业打开不一样的窗子。"如今，王志成和合伙人建立了石佛山生态农业观光园实体项目和源峰电子商务平台，依托"线下+线上"两个平台发展农业。

线下，即集合有机蔬菜、生态养殖、农业观光与休闲旅游于一体的生态观光农场实体经济；线上，则通过互联网整合销售当地农户的农特产品、推广乡村旅游。

目前，石佛山生态观光园已经初具规模。在观光园内，一排整齐的木制避暑房掩映在一片小花丛中，湖水相伴左右，广阔蓝天白云的映衬下，别有一番风味。

"在我们这里，游客一整天都有耍头。"王志成介绍，观光园内设置了开心农场、瓜果区、赏花区、垂钓区、露营区等，还种植有蓝莓、果桑等多种特色水果，可同时接纳上千名游客游玩。

源峰电子商务平台作为线上平台，将观光园自产的蔬菜、水果、肉类及合作农户的农产品搬到网上进行销售。"现在园内种植的李子、瓜果快成熟了，随时放到网上销售，有很多在外打工的云阳人喜欢通过网站购买家乡的农产品。"王志成说，通过"互联网+"发展农业，当地农产品销量大大提高，直接增加了农民收入。

目前，王志成的观光园还在不断完善中。对于未来的规划，王志成希望能打造成一个乡村迪士尼乐园，游客们在他的观光园内能实现吃喝玩乐游等多位一体的体验，既能享受乡村的宁静，又不会孤独无聊。

（资料来源：http://www.cyegushi.com/3239.html）

实战训练

1. 在淘宝网上注册开一家淘宝店。
2. 选择一个微信平台（如微店）开一个微店，利用微信进行营销。
3. 利用微信的朋友圈进行一种或几种商品的营销。

拓展阅读

一、互联网创业"三不"原则

1. 如果没有乐趣，不要互联网创业

由于网络是一个虚拟的世界，所提供的是非具体的服务，比起传统世界中所提供的实体价值，网络要说服别人更难！因此成立网络公司，经营网络事业的过程是痛苦的。

因此，如果你网络创业的目的是以商业利益为目标，而没有别的乐趣，一定会因为经营网络事业的前几年不能赚钱，而感到焦虑和痛苦，因此无法继续经营下去。必须要有赚钱以外的目的才能持续下去。

2. 如果没有动机，不要互联网创业

大部分的人，进入电子商务都是跟着潮流走。要不然就是"害怕丧失机会"，要不然就是"害怕跟不上潮流"。因此这些人在从事电子商务时，对网络纯粹是一种运用，而没有一个明显的动机。

当大家看到"亚马逊"很成功，就一窝蜂地成立网络书店，大家听说E-bay股价表现好，就成立一大堆拍卖网，既没有创意，又没有动机，这是盲目跟随的结果，既然不能提供特别的服务，网站很快的就被淘汰。如果只是模仿其表面的服务，试问多一个同构型的网站，有何存在的意义？

所谓动机的重要性，就是自己在建立网络事业时自己去定义一个网站经营的走法。例如教育无忧网站，就是鉴于教育培训市场的不断发展和管理机制不完善，立志要解决上班族的求职、培训、职场问题等等。一种强烈而明显的动机，赋予它一个特殊性，因为发现了上班族的需求因而满足上班族的需求。

从事电子商务，应该做出和别人不一样的东西。茫茫"网"洋放眼望去哪一家网络经营者的动机不是看上了商机，期待能从中尽快获利？然而，如果没有所谓"因需求需要被满足的动机"，如果只是着眼于商机而无创意地模仿别人的网站经营，无疑是"too slow，too late！"（太慢，太晚了）。所谓动机就是找到一个没有人解决的大问题，再运用网络强大的力量去解决这个问题，如此赋予 internet 生命，也将成就网站的价值。

3. 如果没有创意，不要互联网创业

所谓创意是表达动机的方式。否则光有动机，只是陈述个人想法，却无法具体呈现。在网络的世界里，创意占有举足轻重的地位，因为网络是免费的使用，从使用者第一次进入所接受的经验值，就决定了是否会继续进来，因此从最初的创意表现是否留下深刻印象就一战决生死了。

"NO CREATIVE，NO OPPORTUNITY！"没有创意，就没有机会。网络世界是一种虚拟的服务，如果网友第一次上来，没有将其收藏起来，就没有第 2 次来访的机会，正如前面提过，在网络的世界里，只有第一品牌，没有第 2 品牌，就像如果你已经有一个信赖的医生照顾你的身体，就不必劳烦找第 2 个医生；同理可证，如果有一家长期来往的银行，也很难再找另一家银行来往的道理是一样的。

然而任何电子商务都有比你更早进入的对手，这时候只能以更大的创意来弥补别人已经比你先进入的优势。就像发现中子和原子一样，第一个发现的人，当然获得最大的荣誉和名气。你要自问自己的创意，是否有令人"哇！"一声的爆发力。是否，你的创意别人无法和你相比。

其实只要有人才，做多少的网站都没问题，困难的是，如何将这些网站整合起来，而不要让使用者跳来跳去，是较难的创意。

举例来说，过去的教育类网站，透过广告点进来的流量很少，解决这个问题的创意，是将教育网整合到相关联的网站来带流量。举一个例，求职网站中，如果有一个工作机会是需要"英文"的能力，系统会跳出一个英文课程的链接，一点，可以马上跳过去连接教育网课程，因此，网站使用者，在一种自然的状态下，使用教育网的服务。

二、互联网创业新趋势

1. 在线教育

目前市场上的产品，大多以工具平台、题库、在线外教、在线评测、单词/口语学习、课程表及终端工具等学习 app 为主。品种功能多样，不过大多缺乏创新，产品内容比较传统，就是把线下学习，搬到了线上，互联网还只是起到了平台工具的作用。这一点颇令人失望。其实在这方面大有文章可做。

有一款叫大题小作的应用让我印象很深刻，其在简单的答题功能基础上引入了在线匹配对手 PK 竞技的功能，趣味性互动性一下就提上来了。很好地把握了用户渴望摆脱枯燥呆板的学习方法的心理。

2. 在线旅游

世界领先的全球分销系统（Global Distribution System，简称 GDS）运营商之一的 Travelport 日前公布了一项在线调查结果，结果显示了包括中国在内的 12 个国家及地区的商务和休闲旅游趋势。调查显示，利用 IT 技术汇总旅游相关内容的在线旅游需求巨大，而国内的在线旅游专家就表示，在线旅游领域，战争才刚刚开始。

比如面包旅行就是一款记录你探索世界的轨迹，分享旅途中的点点滴滴的手机应用。无须回来后整理照片、在回忆中编写游记，你可以在旅途中随时用手机记录精彩瞬间、录制旅行线路。

3. 智能硬件

炎炎夏日回到家，空调会自动开启并根据用户身体状况设置舒适温度，热水器记录下你的日常洗浴水温，自动匹配夏天最舒适水温，沙发靠背自动调试为舒适的角度，灯光根据你的心情或明或暗等等，这便是一幅智能家居的应用场景，许多厂家企业，创业团队已经在这方面研发出了出色的产品，用户体验非常棒，这样的场景的实现已经不再只存在于幻想之中了。可以看出智能硬件必将掀起另一场互联网革命。

智能手环是一种穿戴式智能设备。通过这款手环，用户可以记录日常生活中的锻炼、睡眠、部分还有饮食等实时数据，并将这些数据与手机、平板、ipod touch 同步，起到通过数据指导健康生活的作用。

4. O2O

线上下单，线下享受服务，这就是 O2O，当下最时尚的消费方式。2014 年，滴滴打车、人人快递、河狸家等创新的 O2O 消费模式撼动了传统领域的行业生态，催生了一大批新的商业模式，用户对互联网应用的依赖程度越来越深，人们深刻感受到了互联网给日常生活带来的变化。其前景一片光明。

送餐上门、家政上门、维修工上门，甚至厨师医生都可以上门，没有做不到，只有想不到。

三、以下为浙江省第七届中等职业学校学生创新创业大赛中获市二等奖作品，供同学们参考

项目名称：浙江遂昌山里有土特产淘宝专营店
时　　间：2014年8月18日
单　　位：浙江省遂昌县山里有土特产有限公司
主　　营：农产品
成　　员：蓝丽卿 包叶珊 周曾禧

1. 店铺店招：山里有土特产淘宝专营店

（1）投资安排：5 万元（表 8.2）。

表 8.2　网店投资情况

保证金	10000 元
技术服务费	6000 元（保底）
电脑 2 台	约 7000 元
针式打印机 1 台	约 2000 元
摄影设备	约 10000 元
电话机 1 台	约 500 元
传真机 1 台	约 1000 元
办公用品及陈列柜	约 10000 元
总计	约 50000 元

（2）网店基本情况（表 8.3）。

表 8.3　网店基本情况

网店名称	山里有土特产淘宝专营店
网店店址	Shanlight.taobao.com
法定代表人	
电话	0578-8881116
传真	0578-8881116
E-mail	sunlight_1234567@163.com
地址	浙江省遂昌县君子路 66 号
邮编	323300
网店性质	股份制
网店注册日期	2014 年　8 月 18 日
网店的主营产业	农产品

（3）网店的宗旨。

我们执着追求的目标：美味和健康完美结合。

2．网店管理

（1）负责人：包叶珊。

（2）经营团队。

管理人员 1 人：包叶珊；技术管理 1 人：蓝丽卿；仓储管理 1 人：周曾禧；客服 3 人：包叶珊、蓝丽卿、周曾禧。

（3）外部支持：朱剑老师

3．市场调查概况分析

（1）有关资料显示，2014 年 8 月 29 日销售汇总，淘宝商城共有 118 家店开张，食品/零食/坚果/茶叶/特产类，销售额达 413068 元，销售量为 167322 件，平均单价为 24.69 元/件。

（2）2014 年 8 月份淘宝商城的食品/零食/坚果/茶叶/特产类，销售额高达 384036280 元，销售量为 4936313 件，平均单价为 77.80 元/件。其中干果类占 28.7%，冲饮类占 10.8%，茶叶类占 13.8%。

（3）现有淘宝商城经营情况表（表 8.4）。

表 8.4　淘宝商城经营情况

品名	店铺	品种	规格 "g" 或 "kg"	价位（元）
香菇	111	625	即食：40~80 干品：100~250	1.60~4.00 10.00~25.00
笋干	43	138	鲜品：24~250 干品 125~250	1.50~8.00 10.00~15.00
黑木耳	85	275	100~200	18.00~30.00
霉干菜	9	13	125~250	2.90~18.50
白木耳	30	44	100~250	9.50~40.00
菊米	14	25	50~250	4.00~15.00
土鸡	11	29	68~500	5.00~35.00
番薯干	62	216	50~250	6.00~50.00

从上面的数据可以看出，淘宝商城的销售空间相当大，销售利润也是可观的，我们要在这网上占一席之地，就应该从多方面、多角度出发，做好前期的准备工作。

① 我们可以经常调研我们的农产品在市场的占有率，也可以派店员到市场中去了解情况，随时掌握市场动向。

② 消费者群体应该是 20 至 40 之间的年轻人，因为这些人会是我们网点的最大客户群。

③ 随着网络和电子商务的发展，大多数年轻消费者越来越喜欢网上购物，这样既可以节省购物时间，还可以浏览大量的产品，非常便捷。这种购物方式会为我们提供大量的商机。

④ 公司产品优势：产品都来自于深山，是原生态的绿色健康的有机食品；产品种类繁多，价位低廉，包装精致，有自己的个性特点；为客户提供个性化的服务，多方面满足客户要求，在线咨询帮助客户了解我们的产品。

4．网店的主要发展战略目标和阶段目标

（1）战略目标：我们坚定执着于一个目标——纯粹天然，只为您的口味和健康着想！

（2）阶段目标：深入市场，开发客户。为了提升自己店铺的人气，在开店初期，应适当地进行营销推广，但只限于网络上是不够的，要网上网下多种渠道一起推广。

（3）进度安排：

第一个阶段，挖掘极具创意的产品口号；

第二个阶段，淘宝网开店、维护；

第三个阶段，宣传推广；

第四个阶段，进入正轨运营网店。

5．推荐宝贝

山里有生态食品厂乡村闲士系列，如表8.5所示。

表8.5　网店经营产品

序号	产品名称	单位	规格	进价（元）	网上销售价（元）
1	山里有花菇	盒	15g×12 包/盒	8.50	12.00
2	山里有黑面菇	盒	15g×12 包/盒	8.50	12.00
3	山里有菊米	盒	15g×12 包/盒	8.50	12.00
4	山里有明前茶	盒	15g×12 包/盒	8.50	12.00
5	山里有土茶	包	168 克/包		8.00
6	山里有番薯干	包	160 克/包		8.00
7	山里有即食笋干花生	包	80 克/包		5.00
8	山里有笋衣	包	120 克/包		5.00
9	山里有即食油焖笋	包	105 克/包	2.50	3.00

续表

序号	产品名称	单位	规格	进价（元）	网上销售价（元）
10	山里有黄米果	包	10 只/包	3.00	4.50
11	山里有金针菜	包	105 克/包	5.00	6.00
12	山里有土家粉干	包	70 克/包	1.80	2.50
13	山里有美味蕨菜	包	122 克/包*24	1.96	2.80
14	山里有土鸡蛋	盒	160 克/盒*18	40.00	50.00
15	山里有核桃仁	袋	400 克	10.00	15.00
16	山里有白木耳	袋	500 克	15.00	20.00
17	山里有咸鸭蛋	袋	105 克	4.00	5.00
18	山里有黄辣椒酱	袋	100 克	4.00	5.00

6. 网店需要的图片

（1）18 种产品展示图（按不同的品牌、规格每样 2 张）：共计 36 张；如果把精装和简装合并拍的话，共计 40 张。

山里有黄辣椒酱

山里有菊米

山里有香菇干

（2）产品详细描述：按品牌、规格、生产日期、保质期、QS 认证标志、荣誉证书等共计 80 张。

（3）产品包装图：包装袋 2 张、礼品袋 1 张，共计 5 张。

（4）产品生产过程图片：优质高产食用菌示范基地、生产基地、生产流程、仓储共 9 张。

（5）公司资质荣誉证书图片：领导视察图片，荣誉证书、营业执照、税务登记证，共 7 张。

（6）实体店：庞大的市场连锁店，共 4 张。

（拍摄工作应由蓝丽卿专人负责，在 2014 年 8 月底前完成。）

7. 店铺装修

（1）店招。制作一幅图片，突出天然、绿色，健康、环保等主题，以遂昌山水为背景，突出遂昌的山水美景，以绿色为主，配以其他颜色，增强视觉效应。

店招图片

（2）首页

① 搜索店内产品关键字：山水遂昌、土特产、食用菌、生态、环保、健康、绿色食品。

② 左侧搜索导航，分两类。

a. 宝贝总分类。

按产品品牌分：山里有 sunlight 系列、其他。

按产品规格分：100g 以下、100g～250g、250g 以上。

按产品用途分：即食食品、深加工食品。

按产品价格分：10 元以下、10 元～20 元、20 元～30 元、30 元以上。

按产品包装分：精装、简装。

按销售排名分：销售量大在前、销售量小在后。

b. 宝贝细分类。

食品保健粮油干货/罐头即食品/蔬菜罐头/零食特产/坚果/炒

③ 店铺首页，先放开业促销产品广告宣传图（买就送、包邮等），接下来是单品展示区，放上全部宝贝的图片及名称、单价等。

汇吃
山里有
来自大自然的美味！
点击抢购！
遂昌
20天生产周期
新鲜直发
花好月圆，热销50000多罐！
200g x 4罐 立减5元！
200g x 6罐 再送精美礼盒！
送家人、送长辈、送父母、送孩子，最健康的选择！
中秋好礼！
舌尖上的中國
A BITE OF CHINA
央视特别报道
遂昌特产，多味笋丝花生。
好滋味，全网销量第一！
¥9.5
四件包邮
热卖中...
热卖中
精选尝鲜包，江浙沪包邮，超值热卖ING
精选罐装，精致生活！
传递家乡淳朴美味！——《舌尖走进遂昌》
坚果炒货
鱼肉小吃
蜜饯干果
休闲美食
精品罐装
罐装礼盒
店铺首页

④ 店铺评分栏显示个人信息，卖家信息：店铺保障服务、来自买家的店铺动态评分。

8. 市场营销

（1）网店初步定位：把网店当作一个营销平台，这样有利于销售。

（2）销售政策的制定：体验式销售、自助式服务、创意营销不仅能够迅速带来网店人气，其本身也是一项利润丰厚的经营项目，将使网店经营竞争力更强、盈利点更多。

（3）根据地域、季节、消费习惯、经济水平的差异，提供全方位的服务和强有力的市场攻略、广告宣传、形象包装和攻关策划。

（4）主要业务关系状况：网上支付、货到付款等供消费者选择；折扣政策：宝贝本身已折价卖，保证价格低廉。

（5）广告/公关策略、媒体评估：在博客上做广告，百度贴吧发帖子。

（6）主要促销方式：送小礼品，根据价格可选择免除一部分运费等，尽最大努力让客户满意。

（7）折价促销：因为是新开网店，经验上存在着一定的不足，通过和商家谈判给予我们更大的优惠空间，利用商家给予的优惠条件利用秒杀、折中折、满就送、包邮等方式吸引客户，增加网店知名度。

（8）赠品促销：赠品促销可以提升网店的知名度，可以鼓励人们经常访问网店以获得更多的优惠信息，还能根据消费者索取赠品的热情程度而总结分析营销效果和产品本身的反应情况等，但千万要注意不要选择次品、劣质品作为赠品，这样做只会适得其反。

（9）限期供应："限期供应"对消费者总是具有诱惑，像"特价只剩2天！"这样的促销口号。但"限期供应"要真实，否则最终会失去消费者的信任。

（10）增强销售力。销售力指的是产品的综合素质优势在销售上的体现。现代营销理论认为，销售亦即是传播，销售的成功与否，除了决定于能否将产品的各项优势充分地传播出去之外，还要看目标对象从中得到的有效信息有多少。

（11）提高附加值。许多人都知道，购买产品不仅买的是那些看得见的实物，还有那些看不见的售后服务。这也就是产品的附加值。产品的附加值越高，在市场上就越有竞争力，就越受消费者欢迎。因此，企业要赢得市场就要千方百计地提高产品的附加值。在现阶段，传统的售后服务手段已经远远不能满足客户的需要，为消费者提供便捷、有效、即时的网上服务，是一个全新体现项目附加值的方向。世界各地的客户在任何时候都可以通过网店下载自己需要的资料，在线获得疑难的解答，在线提交自己的问题。

9. 网店产品宣传策划方案

（1）多与其他网店建立友情链接。俗话说多个朋友多条路，在网上可以说是多个链接多个窗口。大家通过交换店铺链接，可以形成一个小的网络，能增进彼此的影响力。我们将会和兄弟网店联手，比如消费者在我们网店买东西，我们将赠送兄弟网店提供的小礼品，反之，消费者在兄弟网店买东西，兄弟网店也将会赠送我们店赠送的小礼品，其目的是宣传我们本店的宝贝。

（2）利用网络以外的宣传方式。你在网上开店铺了，你的家人知道么？你的同学，朋友知道吗？一定要在第一时间告诉他们！因为你告诉了100个人，每个人还会告诉更多的人，一传十、十传百，会有无数的人短时间就知道你开店铺了。

10. 服务说明

包装是指物品在运输、保管、交易、使用时，为保持物品的价值、状态，使用适当的材料容器进行保管的技术和被保护的状态。

我们本着经济实惠、健康环保、安全有效的原则，使我们的宝贝能在物流运输途中不受损坏，安全有效到达用户手中，外包装是必不可少的，一般我们的食品都采用食品袋外加纸箱包装。纸箱是我们从大超市回收的，这样可以节约成本。包装还要考虑运输成本，即包装本身份量，尽量减少额外负担，减少成本支出。

选择好的物流公司，即为客户负责，也是为企业节约销售成本选择物流公司应从实际出发，货比三家，充分比较多家物流公司，并对其进行多方面的了解，如邮资、服务质量、发货速度、货物保管等。

江浙沪邮费5元，其他地区按实际快递费用收取。产品只发塑料袋（或无纺布袋）+打包箱包装。如果客户需要礼盒包装（纸箱+塑料袋+打包箱）请提前说明，每件加20元包装及运费。另外，由于纸盒硬，产品软，虽然我们会尽可能地仔细包装，但货运途中难免有损坏，本店无法保证。

当天付款的订单将于次日下午4～5点之间发货，周六、周日也正常发货，国家法定节日另行通知。发货后在公司官方网站"收货通知"查询栏输入所配送物流的运单号。

客服在线时间：周一到周五早上8：00至晚上23：00。

如果您需要发票，请在购物前与我们联系，并提供开票名称，我们会为您开具正式销售发票。

本店承诺，在收到商品7天内，产品未经使用、包装完整给予无理由退换货。如因质量问题退换货，来回快递费我们承担。非质量问题退换货，来回快递费买家承担。

在您收到货后有任何问题请及时与我们沟通，我们会根据您的具体情况为您解决问题。

11. 淘宝商城入驻流程

（1）申请企业注册支付宝账号，并完成支付宝账号的商家认证。

（2）在线申请、填写企业信息，并签订服务协议。

（3）线下提交公司及品牌资料等待淘宝工作人员审核。

公司应提供的资料有：企业营业执照副本复印件，企业税务登记证复印件，商标注册证复印件等。

（4）审核通过后，在支付宝账号中充入 10000 元保证金，6000 元技术服务费（年费）。

（5）店铺开通，开张大吉（开业时间 2014 年 9 月 5 日）。

参 考 文 献

蔡剑，吴戈，等．2015．创业基础与创新实践[M]．北京：北京大学出版社．

方展画．2012．创业教程[M]．杭州：浙江大学出版社．

季跃东．2012．创新创业思维拓展与技能训练[M]．北京：科学出版社．

李伟，张世辉．2015．创新创业教程[M]．北京：清华大学出版社．

刘磊．2015．大学生创新创业基础[M]．北京：中国水利水电出版社．

倪锋．2012．创新创业概论[M]．北京：高等教育出版社．